우리들을 위하여

문학과지성사에서 펴낸 최하림의 시집

작은 마을에서(1982)
속이 보이는 심연으로(1991)
굴참나무숲에서 아이들이 온다(1998)
풍경 뒤의 풍경(2001)

문학과지성 시인선 R 19
우리들을 위하여

펴낸날 2025년 6월 18일

지은이 최하림
펴낸이 이광호
주간   이근혜
편집   김필균 이주이 허단 윤소진 유하은 최은지
마케팅 이가은 허황 최지애 남미리 맹정현
제작   강병석
펴낸곳 ㈜문학과지성사
등록번호 제1993-000098호
주소   04034 서울 마포구 잔다리로7길 18(서교동 377-20)
전화   02)338-7224
팩스   02)323-4180(편집) / 02)338-7221(영업)
대표메일 moonji@moonji.com
저작권 문의 copyright@moonji.com
홈페이지 www.moonji.com

ⓒ 최하림, 2025. Printed in Seoul, Korea

ISBN   978-89-320-4415-6 03810

이 책의 판권은 지은이와 ㈜문학과지성사에 있습니다.
양측의 서면 동의 없는 무단 전재 및 복제를 금합니다.

문학과지성 시인선 R 19

우리들을 위하여

최하림

시인의 말

  시집을 간행키로 마음을 정하고 나자 가장 먼저 내 머리에 떠오르는 것은 타인들에게는 하찮기 짝 없을 이 시들이 나에게는 그런대로 꽤 중요한 의미를 띠고 있다고 하는 점이었다. 여기서 내가 '중요한 의미'라고 하는 것은, 그것이 나의 가장 위험하고 어려운 시기인 이삼십대의 내 사고의 흔적일 뿐 아니라 나름대로 정직하고 성실하게 살고자 하는 내 태도를 그것이 크게 부축하여주었다고 하는 점을 뜻한다. 실로 나는 시를 통해서 거의 모든 것을 깨우쳤다고 해도 과언이 아니다. 나는 그것을 통해서 침략 자본주의가 우리들에게 무엇인가를 알게 되었고, 그에 대한 반동으로 일어나는 보수주의 무엇인가를 알게 되었으며, 그 밖에도 역사라든가 인간관계, 그리고 진부하기 그지없으면서도 또 매우 새롭고 깊은 '사랑'이란 말의 뜻을 미미하게 들여다볼 수 있게 되었다. 앞으로도 나는 시를 통해서 더 많은 것을 배우고 배운 것을 실행할 수 있게 되기를 바란다.
  사실 안다고 하는 것, 쓴다고 하는 것 등이 나의 경우에서 얼마나 허위적이며 관념적이며 편향적인 것인가. 한 '사랑'이 이해라든가 감정으로서만 완성될 수 있는 것인가. 실행하고 반성하고 또 실행하는 가운데서 ─ 그 무수한 과오의 되풀이 속에서 사랑은 넓어지고 깊어질 것이 아닌가. 그러기 위해서는 나는 내가 지금까지 사랑해온 말들, '명백하게'라든가 '성실' '정직' 등의 단어가 갖는 이기성을 버리고 이웃들이 그들의 의사를 전달하고 마음을 담는 평범한 말들을 받아들여야 할 것이다. 이런 일은 비유해 표현하자면, '강의 중심의 흐름에로 몸을 맡겨야 한다'가 될 것이다. 저 큰 바다, 깊은 바다로 가자면 강의 지류로 빠져서도 안 되고 역류해도 안 될 것이다. 나의 시들과 그리고 나는 그 바다를 보고 그 바다에 몸을 담았으면 한다. 그러기를 노력하려고 한다.

최하림

우리들을 위하여

차례

시인의 말

1

설야(雪夜) 1   13
어둠의 노래   15
시인에게   17
우리들의 역사   18
겨울의 사랑   21
나의 말   23
우리나라의 1975년   25
강가에서   27
두 손을 들고서   28
마른 가지를 흔들며   29
겨울 우이동 시   31
백설부(白雪賦) 1   33
백설부 2   37
풍경   38
밤길   39
부랑자들의 노래   40
밤 강가에서   41

2

웃음소리　45
불　47
우리들은 무엇인가　49
매질의 아픔으로도　51
풍요　52
교정사(矯正師)　53
피 흘리는 세기를　55
눈　56
농부의 아내　57
사방의 상수리처럼　58
콜럼버스여 아메리고여　59
제야(除夜)　61
1976년 4월 20일　62
밀물　63

3

설야 2　67
강설(降雪)의 시　68
별　70
독백　71
비가(悲歌)　72
아마추어 가수　74
세석평전(細石平田)에서　77
떠난 자를 위하여　78
황혼과 새벽 사이　79

황혼가　80
가을의 말 1　81
가을의 말 2　83
가을의 말 3　84
가을의 말 4　85
가을의 말 5　86
가을의 말 6　87
유리창 앞에서　88
이슬방울　89
가화(假花) 장수　90

4

밖의 의자　93
불사조　95
바다의 아이들　97
밤의 귀가　100
바다의 이마주　103
일모가 올 때　105
유원지에서　107
해항(海港)　109
빈약한 올페의 회상　111

해설 | '무적'의 심연으로 내려가는 바람의 노래 · 우찬제　116
기획의 말　133

일러두기

1 이 책은 『우리들을 위하여』(창작과비평사, 1976)의 복간본이다.
2 여기에 실린 시들은 시인이 생전 최종 검토·확정한 『최하림 시전집』
    (문학과지성사, 2010)을 기준으로 삼되, 차례 및 『최하림 시전집』에 수록되지
    않은 시들의 경우 『우리들을 위하여』를 따랐다.
3 맞춤법과 외래어 표기, 문장부호는 현행 국립국어원 규정을 원으로 삼되,
    띄어쓰기는 문학과지성사 자체 규정을 따랐다. 다만 작품의 분위기에 영향을
    준다고 판단되는 시인 특유의 어휘, 사투리나 구어체 표현, 의성어·의태어
    등은 저자의 의도를 살려 그대로 두었다.

1

설야(雪夜) 1

하늬바람 불고 눈보라 치는 밤 그이는
하마 취비강을 건너갔을까 보내는 이들이
밤을 설치며 그리는 그 얼굴 그 눈동자가
가슴에 불붙어 타오르는데
그이는 수많은 노두(露頭)를 건너서
바람과 눈보라를 헤치고
무사히 자유에 발 디뎠을까
슬퍼라 어둔 지방의 인내를 버리고
사나이들은 사랑을 찾아 고단한 육신으로 산과 내를 건너가는데
밤 물길을 끌고 지친 화적패처럼 건너가는데
음산한 지방을 물들이면서 말을 버리고
내리는
눈 눈 눈
눈이여
오만가지 죄의 모습과 인욕을 씻고
가는 이의 사랑을 따라나서는 길을 마련하라
구석구석이 거짓으로 가득한 밤

우리는 거짓에서 배어 나오는
암흑을 보며 암흑 속에서 승냥이처럼
울부짖는다 울부짖음이 암흑 속으로
사라져 암흑이 되어 돌아온다
암흑이 우리를 둘러싸고
우리를 눈보라 속으로 몰아간다

어둠의 노래

어둠 속으로 들어가 어둠이 된 자
어둠의 빛이 된 자여
한 하루도 한 생명도
새빨갛게 타올라 밤이 되면
어둠으로 돌아가
어둠의 부피를 늘리느니

섬진강이나 영산강 가에서
또 금강 벌판에서
마을을 돌아보며
외쳐 부르던
영원의 길을 간 자
그 뒤를 따르고 따르던 자

아아 우리들의 어둠은 끝없고 끝이 없어라
하늘의 기러기도 대숲의 바람도
소리밖에 아무 모습이 보이지 않는 암흑 속에서
한마음으로 함께 울부짖어도

암흑은 꿈쩍 않고 차올라
암흑을 밀어내어라

아아 암흑 속으로 들어가
이제는 암흑이 된 자
암흑의 빛이 된 자여
한 하루도 한 생명도
새빨갛게 타올라 밤이 되면
암흑 속으로 돌아가
암흑의 부피를 늘리느니

시인에게

공동묘지같이 외진 골짝에서 바람이 일고 바다가 일어
거리의 군중들이 몰려갈 적에
또한 피와 아우성으로 돌바닥에 깔리고
밤우리에 감금당할 적에
그대여 그대여 어떻게 저 먼 밤을 뚫고 가겠는가
바위 속같이 캄캄하고 꽉꽉한 수십만 리 길을
그대 홀로 어떻게 가 보이겠는가
가다가 쓰러지고 피 흘린들
누가 염습이라도 해주겠는가
괴로움이 비늘처럼 번쩍이면서 목을 조르고
마을 불빛도 모두 꺼져 어둠 속으로 잠겨 들어가는데
다만 살아 움직이는 바다여 바람이여
눈물 속에서 날이 서는 칼을 갈고 칼을 갈고
이파리 끝도 다치지 못하는 칼날을
그대의 심장에 겨누며
우리들은 끝없이 어둠으로 뻗어가는
그대의 길을 큰 눈을 뜨고 똑똑히 본다

우리들의 역사

아버지가 사랑하였던 금발 머리의 엘리자베스처럼 참으로
사랑인 자유여 우리들은 너희 아름다움 때문에
감방의 창틀에서 신음하며 노래한다
한낱 서생(書生)인 내 아버지가 발견한 엘리자베스
너희 생활과 지혜 너의 금발의 광휘로움
팔월 하늘을 흔들던 환희 속에서
바다 먼 나라의 신선한 내음을 풍기며
2층 계단에서 내려오듯이 속도 있게
우리들에게로 걸어온 여인
그의 볼륨 있는 목소리와 걸음걸이
우리들은 그의 말을 배우고 걸음걸일 배우고
자유를 배웠다 그는 말하였다
아름다움은 자유다라고

바람결에 날리는 수많은 머리칼 같은
어머님의 수심 속에서 자라나
우리들은 안개 깊은 새벽길과 한밤중 그리고

짐승들이 사방에서 울부짖는 암흑의 문턱에서 외치고 있었다
　오오 위대한 힘이여 아름다움이여 덕성이여
　모든 창조를 가능케 한 자유여
　거짓과 공포의 사슬을 끊어라
　봉건의 관습을 깨뜨려라 열렬하게 사랑을,
　사랑을 포옹하라 사랑은
　우리들의 우리이며 세계이다

　그런데 아름다운 엘리자베스여
　사랑은 사실 싸움이 아니었던가
　버림받은 어머니의 리어카 소리가
　새벽마다 우리들의 잠을 깨우고
　우리들의 의식을 털털털 밀고 가
　한 하늘과 한 세상의 목마름을
　나누어 지니면서 벌거벗은
　몸뚱이를 끌어안던,
　원한의 모습이 아니었던가

아버지가 사랑하였던 금발 머리의 엘리자베스여
우리들은 이제 비로소 원한 속에서 뇌수 깊이
어둠의 씨를 심고 키운다 어둠을 지키며 신음한다

겨울의 사랑

겨울의 뒤를 따라 밤이 오고 눈이 온다고
바람은 우리에게 일러주었다
리어카를 끌고 새벽길을 달리는
행상(行商)들에게나 돌가루 냄새가
코를 찌르는 광산촌의 날품팔이 인부들에게
그리고 오래 굶주릴수록 억세어진 골목의 아이들에게
바람은 밤이 오고 눈이 온다고 일러주었다
바람은 언제나 같은 어조로 일러주었다
처음 우리는 이 말이 무엇을 뜻하는지
알지 못했으나 반복의 강도 속에서
원한일 것이라고 여기게 되었다
원한은 되풀이 되풀이 되풀이하게 하는 것이다
벌거벗은 여인을 또다시 벌거벗게 하고
저녁거리 없는 자를 또다시 저녁거리 없게 하고
맞아 죽은 놈의 자식을 또다시 맞아 죽게 하는 것이다
그리하여 언제나 피비린내가 그칠 날이 없게 하는 것이다
아아 짓밟힌 풀포기 밑에서도 일어나는 바람의 시인이여
어쩌다 우리는 괴로운 무리로 이 땅에 태어나게 되었나

어쩌다 또다시 칼날 앞에 머리를 내밀고
벌거벗은 여인이 사랑을 말하려고 할 때
잠자리에 들려고 할 때
사랑이 그들의 머리칼을 창대같이 꼿꼿하게 하고
불더미 속에서도 죽지 않는 영생으로 단련하는 것같이
단단하고 매몰차게 세상을 살아야 한단 말인가
아아 바람의 시인이여 이제야 우리는 알겠다
그들의 골수 깊은 원한이 사랑을 가지게 한다는 것을
쇠붙이는 불길 속에서 단련되어진다는 것을
바람은 그것을 밤이 오고 눈이 온다고
말하여주고 있는 것이다 그렇게 겨울의
견고한 사랑을 말하여주고 있는 것이다

나의 말

수척한 밤이 판잣집 창가로 다가와
책상 위 시들을 진율케 하고
지쳐서 보고 있는 육신을 끌고 밖으로 나간다
죽은 자들의 자리도 없이 자욱한 북한강 기슭
나는 내 무기력과 신축공사장의 철근을 가로질러 강변으로 간다

갈나무숲이 조용히 조용히 흔들리고
바람이 흔들리고
밤중에, 모든 시간이 정지하고 있을 때
그런 순간에도 나는 어떤 표현도 하지 않는다
어떤 말도 하지 않는다.
어떤 사랑도 하지 않는다.

그러나 나는 나의 사랑 나는 내 말
나는 나의 표현

이 부정의 욕망 속에서 부정의 고통에서

나는 빛나고 뜨거운 숨결로 타고 있다
나의 희망 나의 사랑 나의 말이여

우리나라의 1975년

잇몸이 없는 시린 이빨로
앙상한 가지를 벌리고 서 있는
가로수 밑동을 물어뜯어도
가로수는 아파하지 않고
우리들의 분도 풀어지지 않네

이 밭길 그리고 저 돌멩이 돌멩이 길
서남해의 대숲 마을이나 마늘 냄새
매캐한 중강진의 살얼음 속에서도
사람들은 입을 다물고
여윈 손목을 끌어 잡을 줄 모르네

그러나 사람들은 서로 다르나
알아들을 수 있는 사투리로 말하고
끌어 잡지 못하나 그 손으로 일하면서
고난의 시대를 함께 사네

아아 비바람에 씻긴 바윗돌 같은 얼굴

모진 불행을 다 삼키고도 표정 없는 얼굴
그러한 얼굴로 서 있는 시대여
네 완강한 몸뚱이를 잇몸이 없는 시린 이빨로
물어뜯고 뜯어도 시대는 아파하지 않고
우리들의 분도 풀어지지 않네

강가에서

유전의 강가에서 위로되지 않는
울음이 들리고 음산한 그림자가 빠른
속도로 풀잎에 웅덩이에 깃들인다
보이지 않는 쇠고랑을 철렁이며
거칠은 길을 내어 우리들은 전진한다
검은 강둑의 수초(水草)들이 흔들리고
흔들리면서 강으로 강으로 퍼져나가고
비수처럼 써늘한 달빛 아래
잎잎이 칼이 되고 함성이 되는
수초에 싸여 똑똑한 눈으로 본다
현존하는 세계에서 우는 아이와 어머니
아이의 그림자를 떨어내고 어머니의 그림자를 떨어내고
빛깔 없고 모양 없는 그림자를 떨어내고
수많은 채찍 아래 누워 있는 우리들은
어둠 속으로 달려간다 더욱 빨리
어둠 속에 어둠처럼 숨는다

두 손을 들고서

강 언덕의 엉겅퀴숲도 밤벌레 불도
이 밤에는 모두 위안이 되는 영산강 하류에서
멀리멀리 어둠이 흘러가고 어둠이 들을 광활하게 하고
그 누구의 손도 미칠 수 없는 곳으로 두 손을 들고서
막막한 시대를 바라보노라니
저편 산 너머로 구름이 밀려가 쌓이고
주민들이 짚단같이 쓰러져 길게 눕는다

마른 가지를 흔들며

가뭄이 타는 대지를 걸어 당신께서는
신작로 끝의 앙상한 나뭇가지를 흔드시고
앙상한 가지들은 일제히 마른 소리를 냈습니다
당신께서는 앞개의 수답(水畓)에서 잃으신
수확을 그렇게 정성으로 보충하셨습니다
겨울이 소리 없이 뒤를 따라왔습니다

이삼월의 기근이 골목을 누비고
오막살이를 심하게 흔들 때에도
흰 무명으로 누추함을 감싸시고
당신께서는 언제나 그늘이 길게 뻗친
저녁의 네거리와 그 언저리에서 떠나셨습니다

아아 그때의 어귀에서 흔들리던 일정
오랜 해수처럼 가래를 끌룩이면서
바닷가에서는 이윽고 소복소복 눈이 내리고
눈먼 소년이 더듬거리며 눈을 밟고 갔습니다

어머니여 이제는 나도 눈먼 소년과 같이
어둠을 밟고 갑니다 휘어진 도시의 거리에서
그들이 넘어지는 소리를 듣습니다
그들이 패배하는 소리를 듣습니다
그들이 우는 소리를 필경은 들을 것이고
그리고 도시의 앙상한 가로수를 흔들고
가로수들이 마르게 마르게 소리하는 것을 들을 것입니다

겨울 우이동 시

나는 오늘 적막한 걸음으로 우이동 숲을 걸어가면서 본다
눈이 여린 가지에 내려 쌓이고
길들을 덮고
각각의 사물이 제 자신에로 돌아와
말없이 눈을 맞아들인다
무성한 이파리를 떨어뜨리고 앙상한 지체(枝體)만으로 선
겨울 상수리나 가지 새로 울며 날아가는 겨울새나
더 이상 아무 가질 능력 없이 비렁뱅이 신세로
떠도는 도시 유랑인의 마음과도 같이

우리 머리에 내리고
들산에 내리고 흙에 스미는 눈
우이동의 눈이여 우리는 무엇으로 너희를 맞을 수 있을까
저 아름다운 사부랑 눈이라 해도 어떻게 노래할 수 있을까
그러나 눈 위로 걸어가는 우리 발자국이
이미 노래이며 향수임을 누가 부인하며
맑은 공기나 찬바람이 진종일 소나무숲을
울리어 제 존재를 드러내듯이

눈 속에서 우리 존재가 제 본성을 드러내고
원래 의미를 되살림을 누가 마다할 수 있을까

우이동의 눈이여 나는 걸어가면서 생각는다
우리가 처음 보던 바다와 겨울나무 밤새들
그리고 잠 아니 오는 밤의 불안한 의식 속에서 들은 냇물 소리
그런 시간의 아이들의 순한 얼굴과 아내의 옛 모습
눈과 같은 사람들의 모습

백설부(白雪賦) 1

몇 번씩이나 철이 바뀌고 잔설(殘雪)이 들을 덮어도
달라지는 것 없는 산이여
올해도 대관령에서는 산사람들이
겨울을 맞아들이면서 자작나무 불을 피우고

얼어 꺾어지는 가지와 가지 나무와 나무 산과 산
하늘에는 별이, 별에는 눈이, 눈에는 산사람들의
꿈이 결빙하여 얼어터지는 소리
그 소리 위로 내리는 밤눈 소리

눈에 보이는 사물들은 모두
제 나름의 소리를 하고
소리들이 모여들어 산을 울리고
가난한 사람들의 마음의
사리(事理)를 만든다

언제나 가난하게 하고
언제나 산에서 살게 하는

사리 어리석은 사리

 *

이런 밤엔 새로운 기억과 말을 가지고
평원(平原)으로 가 밤눈 소리를 들어야 한다

모든 죽어간 사람들의 얼굴을 그리고
그들의 마지막 표정에 새겨지던 고난의 희망을
생각해야 한다

그리고 또 이런 밤엔
거리에서 방황하는 사내와 옥중 죄수들
그들의 경험 속에 내포된 벽지의 술집 여자 눈먼 아이
그들의 눈과 발 그들의 아픔

그 밖에도 그들의 것으로 인식되어지지 않는 경험이
우리들에게서 사랑으로 변하는 것을 확인하고

그 사랑의 밤으로 한 걸음 한 걸음 걸어가야 한다

사랑이란 있으면서 없는 것
짐승과 인적이 지나도 하얗게 설원(雪原)은 열려 있는 것

 *

근육이 튼튼한 사내들이 밤거리를 헤매는
척박한 식민지 밤눈이 내리고
민가(民家)의 불빛 따뜻한 모습으로 길을 비춰주는데
끝없구나 살아서 걸어가는 길
친구도 이웃도 형제도 나를
문밖으로 밀어내어
유랑의 무리로 밀어내어
홀로 걸어가게 하는 길
이다지도 자욱한 눈 속을
걸어가게 하는 길

어느 강가에서 어느 벌판에서
우리들의 유랑은 끝날 것인가
눈뜨지 못하는 넋들이 한마음으로 모여들어
어느 강물이 되고 바람이 되고 폭설이 되어
가지도 지붕도 없이 넘어뜨릴 것인가
걸어가거라 진승(陳勝)의 넋이여
근육이 튼튼한 사내들이 밤거리를
헤매는 척박한 식민지 밤

백설부 2

눈 오는 길로 신혼(新婚)의 사나이들이 걸어와 신(神)을 부른다
살기 어려운 삶을 이어가면서 수치스런 석 자 이름을
부른다 앙상한 상수리 가지도 꽁꽁 언 이랑들도
추억밖에 가진 것 없이 벌거벗겨진 겨울목에서 그들은
그들의 어머니 이름을 부르고 애인 이름을 부른다
언 아이들의 손을 잡고 파월전사(派越戰士)들이 그들의 영광스런
전장을 노래하듯이 노래한다 아아 이름이여 노래여
이름이여 노래여 눈발같이 흩어진 것들을 주우러
겨울새들이 온다 시베리아에서 불어온 하늬바람에 싸여
서릿발 같은 서릿발 같은 새들이 온다 눈이 온다

풍경

구슬픈 소리 물 위에 가득한 길 위에서
바라보라 떼 귀신 들려 도망간 누이의
흔적이나 찾듯이 눈물 흘리며 들로 나오신
어머님의 외로 돌린 머리가 바람에 흔들리고
장다리꽃들이 흔들리고
장다리꽃 너머 연옥으로 끌려간 사나이
사나이 사나이들이 노곤한 실의(失意) 속으로
잠겨 들어가는 것을 보아라
보아라 이제는 실의만이 봄 하늘에 가득 찼노니
이제는 장다리꽃만이 햇볕에 노곤하게 흔들리노니

밤길

한 날이 저무는 저녁답에
갈까마귀 울음소리 드높아가고
낮의 푸르름과 밤의 깊음이
가야 할 길을 마련하는데
바다의 폭풍으로도 오막살이 지청구로도
발길이 향해지지 않는다
그래서 그림자를 은신하며
술집으로 술집으로 돌면서
잔을 들고 있다 식은 가슴을
태우고 말을 태우는 잔
불길 같은 사나이들이 마시는 잔
잔이여 우리들은 무엇으로 길잡이를 삼아야 하는가
온밤을 헤매 이른 우이동 골짝의 바람소리인가
산허리에 등을 붙이고 산 헐벗은 이웃들의 울음인가
연민으로 새끼들을 등에 업고 아내를 끌어안아도
한 날의 푸르름과 깊음은 드러나지 않고
도봉산의 갈맷빛도 물들어지지 않는다
쓸쓸한 갈까마귀 울음소리 드높아갈 뿐이다

부랑자들의 노래

우리나라의 길 위에서 자라고
그 길을 통하여 객지(客地)를 헤매는
부랑자들의 풀리지 않는 몸을
부드러운 빛으로 물들이는 것이
별인지 어둠인지 알 길 없는데
오늘도 검은 우리를 빠져나와
비틀거리며 가는 너의 모습
어느 누가 고통 없이 나날을 살 수 있겠는가
일하고 술 마시고 싸우다 쓰러져
사립을 밀고 새벽길로 나서면
나무에 바람에 걸려 울리는
밤바다가 밀어오는 소리
지친 사나이들의 발걸음 소리
길마다 어둠이 멀리 뻗치고
잡초들이 음산하게 흔들리는데
오늘도 걸어가야 할 너의 길은
몇십 리냐 몇십 리 걸어야 끝이 나느냐
무거운 발을 끌고 어둠 속을 가는
울한의 사람아 우리들의 사람아

밤 강가에서

우리들은 말없이 강둑을 걷는다
머리 위 버드나무 잎과 물이랑이
수천수만 빛으로 반짝이고
그 빛 속에서 우리가 걸어온 길의
바람과 억새풀과 심연의 울음소리
창과 같이 이어지고 끊어지는 울음소리 들리고
울음소리 속으로 뻗어나간 길 위에서 일어나는 소리 소리여
재를 넘고 들을 지나 무성한 바다로 가자
바다 앞에 서면 흐르는 물이 너의 음성이 되어
잘 가라 잘 가라 잘 가라고 말하고
우리들은 가지 않을 수 없는 일정을 헤아리며
너의 눈을, 입술을, 네 서러운 말을 버려야 하리
네 마지막 입맞춤도 버려야 하리
그 바다에서 우리들은 숙명의 들판과 물길을 쓸어
짓밟아도 억세게 돋아나는 잡초처럼
백날 천날 목숨의 값으로 치러야 할 타오르는 유황불
아아 불은 나를 태우고 너를 태우고
우리들이 가야 할 암흑의 산천을 태우는데

가자 가자 머리 위 버드나무잎과 물이랑이

수천수만 빛으로 반짝이고 그 빛들은

우리가 걸어온 길의 울음소리와

울음소리 속으로 뻗어나간 길의

신난을 보이는데, 신난을 보이는데……

2

웃음소리

안개를 가르며 우리들은 지붕과 가로수가 젖어 있는
거리를 지나 지친 걸음으로 걸어갔다 자욱한 무적 속으로
걸어갔다 거리의 너희들은 모퉁이에서 우리를 부르고
너희들의 풍요한 웃음으로 맞아주었다
우리들은 우리나라의 선원다운 힘으로 껴안았다
금발의 엘리자베스여 그때 너는 나에게
입 맞춰주었던가 너희 금발로 감싸주었던가
금발이 흘러내리고 낡은 베드가 삐걱거리고
그리고 숨소리 뜨거운 숨소리
우리들은 흔들리었고 흔들리면서
아메리카의 동해안에 도착하였다
밤이었다 어려운 안개가 흐르고 지붕과 가로수가
젖어 있는 거리를 가르며 우리들의 비명인 무적이 울고
  아아 떠나고 도착하는 사람들의 흔적 속에서 이뤄지는
무적이여
  우리들의 어깨와 두 다리로 흘러내리는 무적이여
  우리들은 무적을 가르며 삐걱이는 층계를 지나
  어둔 거리로 들어갔다 안개 속으로 들어갔다

이제 너는 잊어버렸을 것이다 그런데 엘리자베스여
나는 너를 생각하면서 더러운 술집에서 잔을 들고 있다
왜 생각하는 것일까 헤어지면서 뒷덜미에서 웃던 웃음소리
웃음소리 때문일까 웃음소리는 나를 밀고 어두운
안개 속으로 들어갔다 말들이 안개 속에 있었다
너를 사랑하는 비열한 내 나라와 내 어머니 그리고 내 이름

불

링 위의 알리처럼 두 눈을 부릅뜨고
우리들은 사랑의 어두운 자유를 누린다
타오르는 저 불꽃 창밖의 비바람 소리 비바람 소리
나는 난로 속에 장작을 집어 던지고
솟아오르는 불길에 마음을 태운다
두 눈이 타고 손발이 타고
벌건 손으로 유리창을 쓰다듬으면
바람 치는 지방의 여린 가지들이 사납게 휘나부끼고
이 빠진 문이 사방에서 덜컹거린다
어느 곳에도 덜컹거리지 않는 곳이 없고
어느 곳에도 바람 닿지 않는 곳이 없다
나는 불길로 사랑으로 너를 쓰다듬는다
불타는 입술로 너를 입 맞춘다
다시 없이 뜨거워지는 몸
어떠한 바람에도 뜨거워지는 몸
아아 사랑의 불길이여 타올라라
거세게 우리들의 마음을 태워라
불꽃 속에는 불이 있고 사랑 속에는 씨앗이 있다

장작을 태우는 불길의 뜨거움이
이제는 사랑하는 우리들이고
사랑하는 우리들이 세계에 대한 불이다
모든 사람의 모든 불이다

우리들은 무엇인가

칼날의 댓잎이 밤에도 자지 않고
흔들리는 것을 보고 있다 달빛의
신경이 흔들리는 것을 보고 있다
여기저기 떼 몰려가고 있는 아우성을
들으며 유배의 꿈을 부르는 우리들은
우리들이 무엇인가를 보고 있다
우리들은 무엇인가 우리들은 무서운 칼날이고
무서운 칼날이고 무서운 칼날이 아닌가
밤의 능구렁이같이 한 걸음 한 걸음
가슴과 목덜미 눈과 입술가로
부정의 손을 쓰면서
욕망이여 이제는
잠든 지방을 흔들어라
번쩍이는 날로 사방을 베어라
우리나라의 대밭에는 말 못할 소리가 내려 있고
부정의 울부짖음이 있고
우리들은 우리의 무뢰배처럼
억새풀 속에서 억새가 자라나고

주민들 속에서 주민들이 자라나는 것을 보고 있다
뒤숭숭한 잠결에도 그들이 떨리는
꿈을 꾸는 것을 보고 있다

매질의 아픔으로도

매질의 아픔으로도 구할 수 없는 울음을 울면서
우리들은 살얼음이 반짝이는 돌담을 돌아
구시가(舊市街)의 버드나무 길을 걷는다
흙먼지 자욱한 바람벽마다
낡은 종이들이 찢겨져 날리고
풀무집의 지게장 너머로 내리는 어둠이
굶주림마냥 친숙하게 사위를 에워쌓는다
우리들은 얼굴을 들고 어둠 속에 가려진 사물의 이름과
어둠 속에서 우리를 부르던 친구의 이름을 부르며 간다
해안통의 어물전 앞을 달리는
행상들의 어두운 발걸음과 그들의 슬픈 멸망을,
그 멸망을 부르며 간다
아아 이제 우리들은 멸망이고 아픔이다 비겁을 매질하는
아픔이다 아아 검은 바다여
외치고 외쳐도 파도에 싸여 사라지는 울음을 울면서
우리들은 바다로 간다
일생으로 달리고 충만하여지는
아아 우리들의 바다 우리들의 바다

풍요

우리나라의 바람은 들에서 일어나 들을 휩쓸며 달린다

잡초들이 쓰러지고 불타오르던 옥수수 밭이 넘어지고
우리가 허리띠를 조르며 심은 씨앗도
일상의 축대도 흔들리고 무너진다
무너져 아수라가 된다 울음 없는
울음이 이랑마다 일어서고
미로(迷路)의 여인들이 마른 소리로 노래하고
검은 지귀(志鬼)가 전제의 담을 무너뜨린다

우리들의 들에서 흐르는 바람이여
노래하고 노래하라 노래가 더욱 하늘을 넓히고
벌거벗은 힘이 흐르는 밤을 전율하게 할 때까지
노래하고 노래하라 어두운 바람이여
저녁마을의 어스름같이
노래는 넘쳐흘러 들을 적시고
들을 생생하게 하고 들 여인들의 치욕을 폭발시킨다
들 여인들이 벌거벗은 몸으로 일어서서
부끄러움을 가리고 운다

교정사(矯正師)

곡식을 축내는 들쥐처럼 우리들은 야금야금
일을 먹어 들어가건만 일의 끝은 보이지 않고
직업의 끝도 없어 보인다.
검은 분비물이 흐르는 어두운
도시의 심장에서 책상과 의자를 지키며
우리들은 누운 자(字)를 일으키고 쓰러진 자를 바로 세우고
틀린 자를 고치고 문맥이 맞지 않는 부분을 수정한다
그러고 보면 나는 혁명가이기보다 수정주의자에 가까운 모양이다
그래서 시인들이 뜨거운 사랑으로 조국을 노래할 적에
노래로 밤 우리에 감금당할 적에
직업의 순수성을 지키며
'민중'과 '민주'의 작은 차이
말보다 무서운 칼이 휘둘러지는 때에
'중(衆)'을 '주(主)'로 고치기에 열중하는 모양이다
아아 나의 이 신성한 작업이여
열의와 강제의 훌륭한 조화,

완전을 추구하는 위대한 노동이여
밤 내 축적한 나의 열량은 마침내 소모되어
네 시경이면 오기만 남는다
마침내 나는 일을 밀어두고 커피를 부른다
한 잔의 커피, 커피만이 오후 네 시의 내 피로를 달래고
쓰린 가슴을 달래면서
구강(口腔)을 거쳐 헐은 위장으로 흘러들어간다.

피 흘리는 세기를

만상이 잠든 영산강 가에 밤물결이 밀려오면
촉수 긴 갈대들이 일제히 흔들리고 서늘은
바람이 그곳에서 밀어와 잠을 깨운다
우리들은 오만가지 생각에 잠겨 시를 쓴다
없는 슬픔과 버림받은 슬픔으로 조수같이 흔들리면서
눈도 없고 코도 없고 귀도 없는 시를 쓴다

눈

눈이 내린다 서울에서도 그중 순결한 눈을 맞으며 수유리 숲길을 오르면 우리들 정신은 눈이 되어 허공에서 내려와 허공으로 돌아간다 펑펑 내리는 눈이여 우리들이 밟고 가는 눈이여 거부로 들끓는 한 사나이는 피 어린 언어를 토해내지만 칼끝을 걸어가는 아픔을 가지지 못한 언어는 칼끝에 결코 미치지 못한다 언어는 칼일 수 없다 녹아서 지심 깊숙이 스며들어 사물의 뿌리를 축이는 눈이여 너희는 우리의 정신을 순결하게 세척해주지만 거부로 끓는 우리는 거부로써 씻어지지 않는다

농부의 아내

 개들이 컹컹컹 짖고 영산강 물이 흘러간다 농부의 아내가 달려간다 어두컴컴한 저녁 빛 속에서 그의 질주는 흔들리고 억새의 물이 천 조각 만 조각 찢어진다 늙은 농부가 들에서 돌아와 어둠 속으로 눕는다 우차가 둑 밑에 뒹굴고 쇠스랑도 뒹굴고 올해의 버린 벼들이 휘어지면서 가뭄의 타는 냄새를 풍기고 해충들이 무성하게 달빛 속으로 날아오른다 달빛 속으로 농부의 아내가 올라간다 달빛은 들판같이 말라 벌어지고 거세게 암내 낸 개들이 컹컹컹 짖고 억새의 물이 천 조각 만 조각 또 찢어진다 늙은 농부가 설렁이는 잠 속으로 돌아누워 일대가 사나워지는 것을 본다 잠의 머리맡에서 반사하는 내일을 저만치 밀어버리고 내일의 부정스런 심연으로 빠져들어간다 내일의 우차가 뒹군다 내일의 아이들이 운다

사방의 상수리처럼

잠시도 쉬지 않고 떨어지는 벌레를 짓밟으면서
저문 들판의 상수리 아래서 여인은 쭉정이를
쓸어 불댄다 한 해의 덧없는 수확을 불댄다
저녁이 신작로 끝으로 몰려 들어가고 흐려져가는
가을날의 기대가 사방에서 상수리처럼 흔들리고
거년의 가뭄에 잃어버린 들녘의 곡식이 굶주림같이
지나간다 아이들이 잠속에서 꿈틀거린다 모든 밤이
날이 선다 여인이 부동으로 선다

콜럼버스여 아메리고여

바람 센 지방(地方)에서는 지치고 시달린 사나이들이
오랜 날의 바다로 나와 밤 별이 성성한 거리를 걷는다
바다의 비늘에 어린 아주 순수한 소리를 들으며
소리 속으로 들어간다 한 줄의 도로가 흐르는 소리 속으로
소리의 밑바닥에는 쥐들이 찍찍이는 소리 들리고
굶주림이 들리고 쓴 슬픔을 토해내면서
해안의 개들이 컹컹 짖는다 그 개들의
검디검은 울음이 분별할 수 없는
피부를 물들이면서
이방(異邦)의 거리를 헤매게 하고
언제나 이방인이게 하고
비열함으로 이뤄진 걸음을 흔들면서
사방의 나뭇잎처럼 있는 그대들의 모습
 무얼 하고 있는가 그대들이여 무얼 하고 있는가 그대들이여
 개 짖는 소릴 듣는가 그대들을 뒤쫓는 소리가 아닌가
 쫓기고 쫓겨서 극지(極地)로 가거라
 그곳의 풍습을 따라 그대들의 아내를

바다로 돌려세우고 밤에도 쉬지 않고
불사(不死)의 영상(影像)을 만들어 바다에 띄워라
우리들이 말한 우리들의 희망의 바다
아무런 희망이 없어도 우리들을 헤매게 하는 바다 바다여
아무런 희망이 없어도 우리들을 바다에 띄워라

제야(除夜)

마음을 가라앉히려고 걸어온 길을 돌아보니
수만 가지 기억에서 떠오르는 노염이 나를 태운다.

지리산이나 동해바다 가운데서
짐승처럼 울부짖으며 외치고 싶으나

산으로도 바다로도 길들은 열려 있지 않고
길들은 아스팔트로서 길들여져버린다.

나는 이제 주어진 길 주어진 도구
너를 위하여 웃고 우는 도구

그러나 나의 웃음은 눈물의 웃음
큰길과 골목을 두루 칠하는 눈물의 울음
타오르는 촛불을 바라보며
어느 동서(東西)로도 남북(南北)으로도 가지 못하는

나는 어찌 타올라야 하는가
촛불이여 촛불이여

1976년 4월 20일

검은 도시도 멀리 사라지고
기념비들만 수척하게 서 있는 공원에서
나는 어둠을 닦고 닦으며 비문을 읽는다
진달래꽃이 산언덕에서 고운 폐혈처럼
피어나고 접동새들이 울고 숱 많은 모발을
날리며 돌밭길로 묘비 새로 서성거리던
형제들의 그림자도 가려진 어둠 속에서
나는 그날의 함성을 환청으로 들으며
비문을 읽는다 피의 거리의 피의 거리의
어둠에 떠는 어둠 소리를 읽는다

밀물

달도 가려지고 풀잎의 푸른 잎사귀조차
물결에 잠겨 보이지 않는 한밤중
초소의 두 그림자가 삐그덕삐그덕 수문을 연다
만조의 바닷물이 길과 가로수에 밀려들고
어둠이 공복을 채워 거대한 걸리버같이 일어선다
여러 물결이 한 물결의 덩어리로 움직이는
밤중의 그림자 밤중의 그림자
마지막 수문을 열어 더욱 거세어진 물결이
검은 둑을 무너뜨리고 땅과 하늘이
어둠 속에서 하나인 새벽 언덕에 이르면
지친 소리로 우는 새들의 흐름이 공중에 가득하고
앙상한 가지들이 스산하게 흔들리고
그러한 흐름 속에서 일단의 사나이들이
어망을 들고 둑길로 돌아오는 것이 보인다.

3

설야 2

기다리면서 긴 밤을 매질하는
처녀들의 머릿단이 밤 허리로
흘러내려가고 피마자 불이
정염을 태우는 우리나라의 겨울밤
마음 울리는 눈발이 하얗게 하얗게 내린다
들까마귀 늪 위에서 빙빙 돌고
음산한 대숲을 울리며 한 달이 차오른다
메추리도 굴뚝새도 날아오른다

강설(降雪)의 시

이윽고 눈과 함께 설야가 우리를 찾아오리라

그곳으로 어서 빨리 나는 가야 한다 그 깨끗한 것들을 지켜야 한다 그래서 걸음을 울리며 가고 있다
염소들이 울고, 어머님의 과로가 가축을 부르며 언덕을 넘어가고
빈 들을 돌아오는 울음소리 울음소리 들리는 곳으로 가고 있다

아아 울음 속에 명철이 흐르듯이 어머님에게로 가는 발자국들이 눈 속에 살아 있다
삼나무 가지를 흔드는 어머님의 미련에 빛나는 생활이 살아 있다

살아라 살아라 살아라 어머님의 생활이여
화답할 수도 없고 들을 수도 없는 겨울의 들녘에서 살아라 살아라 생활이여

가축을 부르며 당신의 과로가 가듯이, 늙은 순례자들이 가듯이
우리들의 소리도 이제는 따라서 그 들녘으로 가고 있다

별

　차고 차거운 밤에
　별은 슬픔을 기르며 여위어가고
　여인들은 밤으로 밤으로 드러눕는다
　사립 밖에서는 개들이 울고 가랑잎이 날리고
　눈이 오려는지 무거워진 공기를 흔들면서 사나이들이 돌아와
　빼앗긴 땅에 검은 입술을 부비며 운다
　울음이 하늘로 하늘로 퍼져
　하늘의 깊음이 된다

독백

어두워지는 도시를 버스를 타고 달린다
피곤한 몸으로 달린다 아직도 아침과 같이
일들은 저쪽에 쌓여 있고 내일도 내일의 깨끗한
어둠도 어둠 속에 쌓여 있다 우리들은
어둠 속으로 달리는 차와 함께 달린다 어둠이 넌지시
손을 들고 있다 어깨를 펴고 우리는 그곳으로
갈 수 있으리라 도대체 우리는 무엇 하려고 사는가
잠 속에선 무엇이 우리를 구원해줄 것인가라고
물어볼 수도 있으리라 허나 누가 대답해
줄 것인가 잠은 말을 가지지 못한 것을 말은
달리는 버스 속에, 질문하는 자의 슬픈 질문 속에
불치의 환자처럼 누워 있는 것을

비가(悲歌)

흔들리고 증오스런 달빛이 확신의 지방으로 흐르는
밤에 우리들은 무슨 까닭으로 깨어 있었던가
우리들은 그를 사랑했던가
아니다 이제는 버릴 수 없는 쓸쓸한 밤이여
외로움이 그를 가게 한 뒤로 밀려드는 눈물의 안개
그리고 제방(堤坊)을 타고 오르는 파도 소리
소리는 더욱 크고 높게 울부짖는다
우리들은 흙바람벽을 짚고 일어선다
창밖에서는 비바람을 실은 소리들이
심하게 지붕을 두드리고
한 줌의 희망도 없이 두드리고(우리 귀를
우리의 소리에 잠들게 하고)
보아라 칼 아래 잠든 밤이여
사랑의 아름다움을 알고 바라던 밤이여
소리가 지날 때마다 사방은 해초처럼 설레고
마음이 심하게 흔들리기 시작했으므로
이제는 진정하여야겠다 확실한 많은
시간들이 기다리고 있을 테니까 그때를

위하여 슬픔을 버리고 헛된 눈물을 버리고
흐느끼는 듯한 진실을 만들어야겠다
가만히 흔들리는 바다로 바다로 가
일대를 조용하게 할 질문을 들어야겠다
먼 현실로 돌아가 내가 나일 수 있다면……
나일 수……
있다면……

아마추어 가수

땅거미 내리는 저녁이면
곤한 나그네 발길이 바빠지고
새들도 둥지를 찾아가는데
사랑하는 우리들 빛 속을 달리며
싱싱한 손으로 가슴의 띠를 풀고 속옷을 풀고
미끄러운 살 위로 흐르는 검은 머리
머리를 어둠 속에 쓸어내린다
풀샌 달빛이 내린다 그렇게
빠르게 사랑이 내려간다
저 밑의 밑, 밝고 밝은 바다의 내
노래여 신성한 살로 확인하고 확인받는
모든 희비(喜悲)의 노래여

＊

그녀는 딴 사내의 애인이 되어 서울로 가고
나도 서울로 가 주물공장의 견습공이 되어
느린 솜씨로 선반을 깎으며

쇳소리 속에서 노래하였다.
사랑하는 여자를
사랑하는 노래
아침에도 점심에도 야근하면서도
그리고 한 달에 한 번씩 오는 휴일이나 휴무 시에도
검은 둑으로 나가 부르는 노래
잃어버린 여자의 슬픔을
슬퍼하는 노래

 *

그날 밤에도 나는 강둑으로 나가
살랑거리는 이파리 소리를 들으면서 노래 불렀다
나의 노래는 밤과 바람을 울리고
천한 일상에서 사랑을 일으켜
일대를 뜨겁게 하였다
문고리를 걸고 잠자는 게으른 여인네도
치마를 끌고 나와 함께 들었다

아아 내 슬픈 노래 덧없는 노래여
잠든 모든 가락의 연한 살을 울려라
어느 사나이가 불미(不美)하다고 말할지라도
붙잡아 가야 한다고 말할지라도
나의 기타여 우리들의 노래를 계속하라
그들은 우리의 애인이므로 나의 노래는
잃어버린 여자를 위한 노래이므로
나의 기타여

세석평전(細石平田)에서

진종일 내린 비로
말갛게 씻긴 세석평전의 별들이 빛난다

침엽수들이 부우옇게 머리를 들고
일어나고 밤새들이 소리 없이 날아간다

갖은 생각을 버리고 앉는다
세상이 장려하고 고요해진다

밤마다 오가는 이들의 슬픔을
속속들이 슬퍼할 수 없는 잡목 숲에

봄 여름 갈 겨울이
차례로 내려앉는다

떠난 자를 위하여

오늘도 먼 데서 밤은 함뿍 내리고
바람마다에 우거진 숲이 부우연 머리를 흔드는데
손 하나 허공에 뻗을 수 없이 적막이 내린다
내리는 적막 속에서 여인들이
떠난 자를 그리는 슬픔으로 허리를 구부리고서
물 위에 밀리는 달빛을 보고 서 있다

황혼과 새벽 사이

무엇 하나 간직할 수 없이 널려 있는 거리의 여기저기에
경마와 별들이 지나가고 가파롭게 당기는 파장 사이로
나무들이 석양을 뿌리면 지상엔 석양을 줍는 여자들의
그림자 가득하여진다 오오 고된 밤과 숲 웅덩이를 지나서
다가오는 가을 병처럼 교환대와 병적 사무소의 데스크를
통과하는 여인들의 걸음 소리 충만하여지고
곳곳에서 희미한 소리들이 일어나고
그러한 소리들을 비치면서 달과 새들이
오고 있다 떼 몰려 어둠이 오고 있다.

황혼가

갈까마귀야 갈까마귀야
어느 하늘로 가느냐
네 슬픔 아는 이들
모두 북망(北邙) 가고
우리들은 삼시(三時) 세 때
굶주림에 끌리어
공사장으로 공사장으로
몰리어 다니다가
어둠에 싸여 돌아가는데
노동자들의 슬픔보다도
깊고 깊은 바다 건너
갈까마귀야 갈까마귀야
어느 하늘로 가느냐

가을의 말 1

성녀(聖女)들의 천막이 거두어간 나의 주위에는
달아볼 수 없는 죽음의 차거운 공기가 누워 있다
해가 나무 곁에서 멈칫거리고 있다
달력의 부우연 연상이 손에서 떨어져가버린 뒤
바다는 육지를 향하여 부드럽게 부드럽게 팔랑거리고

창백한 돌마다 번쩍거리고 있는 혜지
여기서 이미 얻어진 결론을 내고
나는 기다릴 아무것도 없다
흐르는 밤 속에서 튀어 오르는 슬픔을 가져다주는 것은
가을이라든가 여자는 아니다
그러나 나는 슬픔 속으로 손을 들고 일어서고 있다
모르핀의 침살에서 추억하고 있는 공간의 새들같이

바다는 한없이 흘러가고 있고
어디 메에선가 첩첩이 말들의 긴 말
지금은 무더웠던 어둠의 뒤에서 가리운
경비정의 무적이 잠자는 하늘을 울고

어두운 아이들의 미래를 죽어가면서도 계속하고 있는
인간의 버리지 못한 버릇을

무적은 잠자는 하늘을 울고

인간의 환상과는 동떨어진 바다
북쪽을 기다리는 겨울의 바람 속에는 희망이 없고
언제나 있는 파장의 적막 속에서 적막이
닻줄을 끊으면서 안벽(岸壁)을 휩쓸어가고 있다

가을의 말 2

나의 창살 밖에 빈손으로 와 있는 달에게
나는 내일을 내어주리라
그것은 차디찬 쇠고랑 같은 것이어서
흔들면 안 된다고 경고하면서

할 수 있는 한 나는 멀리로 올라가 잠들리라
할 수만 있다면 달빛 속으로 걸어 들어가 입을
벌리고 희디흰 미소를 하여보겠지만

그러나 나는 별수 없이 멀리로 올라가 자게 되리라
벽에서 떨어진 꽃잎들이 하나씩 하나씩
물속을 지나가지만……
모두 지나가버리지만……

가을의 말 3

둥근 배를 움켜쥐고 설워 울던 옛날 어머님의 설움만큼이나 희디흰 가을 하늘과 가을 물을 따라 우리들이 가면 밤은 샘물같이 깊어져가고 물소리 소리 높이 흘러가는데 멀리서 구부정히 내리는 달이여 달이여 길고 확실한 거리로 내리어오라 고향을 언제나 고향이게 해주고 오래전에 잊었던 부패해져가는 소리 소리를 따라 단 하나의 바다로 나부(裸婦)들을 헤매게 하라

가을의 말 4

마른 벼 잎도 벼 잎으로 남아 있지 못하고
베어진 논두렁에서 달빛이 남아 뒤를
따르고 달빛이 남아 뒤를 따르고 달빛이
남아 길 잃은 사나이의 뒤를 따라가고 있다
그렇게 그 사나이가 가고 또 다른 사나이가
올지라도 마찬가지로 달빛은 따라가고 있다
아아 이토록 한없는 달빛과 사나이들의 관계여
개선하고 유지하라 개선하고 유지하라
바람은 점점 멀어가고 그리고 그대 가는 길의
밤도 멀고 기다림이 사나이를 위대하게 할지라도
걸어가라 일정은 끝나간다 가난한 자의
달빛이 이렇게 끝나간다

가을의 말 5

지금은 돌아와 발을 씻는다
누른 담장을 지나 황혼이 문전을 빠져나가는
인식의 바깥에서 인식의 바깥에서
가을이여 가을이여
천 마리 새들이 날개를 파닥거리며
날아가는 나날은 물처럼 진행되어가고
떨어져야 할 것도 잔명(殘命)의 것들도
지금은 품속으로 파고들어온다
오랜만에 우리들은 귀착(歸着)을 본다
날이 끝으로 지고 그 뒤에서
오랜 새들이 떼 지어 날고 있다
세상을 보는 아내 불어오른 배로
세상을 담고 있는 아내여
내일은 죽음으로 떨어져가고
우리도 역시 그 길로 갈 것이다
내일은 죽음이다 내일은 물이다
나의 발이 담겨진 물
나는 문전을 빠져나가는 노을 속에서
이렇게도 오늘은 무상하게 물을 사랑하고 있다.

가을의 말 6

내 어머니의 대지여 시월이 돌아왔습니다
일하는 당신의 손길이 멀어진 들판 끝으로
강물은 번쩍이면서 달리고 우리도 그곳으로 가게 됩니다
손실로 살찌는 물길을 따라 우리도
먼바다로 가게 됩니다
10년 후 20년 후 당신의 대지가 되어
타오르는 저녁 바다에 설 적에
우리는 두 손을 들고 당신의 바다를 볼 것입니다
당신의 신성을 볼 것입니다
그리하여 내 어머니의 대지여
우리가 무엇인가를 알고
돌아온 시월이 우리에게 무엇인가를 알 것입니다

유리창 앞에서

우리들 삶의 소란스러움은

거리와 시장 언저리에서 떠난다

그리고 그 시간의 어머니들의 머리는

어느 때보다도 빛나고 요란스럽다

그리하여 밤으로 달려가고 있는 제 가정(家庭)의 슬픔을

벗어나려는 여인들이여 허리 구부린 여인들이여

나는 오늘 별들처럼 총총하고 싶어서

없는 유리창의 유리를 닦고 있다

이슬방울

이슬
방울
속의
말간
세계
우산을
쓰고
들어가
봤으면

가화(假花) 장수

　처용의 심미안처럼 푸르게 빛나는 지귀(志鬼)들을 밟고 종일 가면
　나란히 닫힌 문 앞에 달빛이 흘러내리고 비수(匕首)가 흘러내리고
　한 번도 본 적이 없는 푸른 뱀들이 흘러내린다

　그리하여 뱀들은 파아란 목덜미 목덜미 우리를 죽이는 목덜미

　한때의 혼란이 요란한 슬픔을 데리고 와 울음마다
　파아란 등불을 쓰고
　멀고 먼 사건처럼 우리들의 발밑에서 쓰러져간다

　그 무렵이면 텅 빈 거리
　사나이들의 발밑에서는 사그락거리는 소리가 나고
　나무가 철망 너머 흔들리고 일제히 싸아늘히
　밝아지면서 가로등이 달을 부른다

　달이 떠 있다

4

밖의 의자

 광망(光芒)이 번쩍거리는 의식을 아래로 아래로 버리며
 예기에 싸인 저녁을 빠져나가는 개인의 행위 밑에 휘감긴 바람

 그리고 수도 없이 달빛을 흔들어 쓰라리게 육체를 가위질하는
 고뇌는 바다 가까이 몸을 눕히고

 이런 나날의 가위질 달음박질

 우리는 무엇 하러 그렇게 하였을까 바람의 애환이여
 빈민의 의자에 걸터앉아서 초조로이 달빛의 먼지를
 털고 작은 손으로 달빛을 밀고
 웅웅거리는 빛살 속으로 몰려가는 영롱한 바람을 바라보면서
 (바람이여 바람이여
 정신의 긴 들녘을 지나가라)
 소망들이 자욱이 엎드린 즐비한 좌안(左岸)의 통로를 따

라가면

  살벌한 문밖에, 물결이 강둑을 넘어 일렁거리고
  가지들이 흘러가는 동요의 가장자리에서 속으로 속으로
  바다를 울리며
  희미한 시력에 기대어
  해초들이 숨찬 달빛에 흔들리고

  우리들은 허위에 젖은 평면적인 달을 지나
  썰물의 여광(餘光) 위에 몸을 굽힌다
  수면에 나타나는 자의 예감의 슬픔을, 원성(怨聲)을 키운다

불사조

살육으로부터 시작된 탄생, 그의 작업은 장례식, 동쪽으로 동쪽으로 향하는 먼 행진
작열하는 신전의 향몰(香沒)의 화장(火葬)
불길은 너의 얼어붙은 분노를 터뜨려
소낙비를 퍼붓는다
태초가 온전한 허무였는데, 어찌하여 우리들은 이 끔찍한 불행으로 태어났느냐
허비대다 보면 창백한 빛깔이 응사(應射)해오고
빛깔보다 무정한 우리들은 스스로의 놀음에서 뼛속을 태운다
수선스런 여인의 죽음처럼 허무한 여름을 향하여 말하지 않는,
조그마한 슬픔도 나눌 자 없는,
빈집에서 흘러나온 나는 동행한 바람의 아우성 같은 날개여
가증스런 열기여 밑바닥의 긴 긴 합창이여
  하늘과 나무의 무성한 강가에서 아무도 걱정하려 하지 않는 제방이 터진다.

대해를 표류한 너의 그림자가 시신(屍身) 속을 파고든다.
　비약한 육체
　불행의 수많은 강물을 젓고 가는,
　형벌의 검은 갈망이 말 없는 항거 속에 쌓아 올린 바벨보다 높은,
　그 꼭대기에서 타원형의 첨탑이 바람에 울고
　흰 달의 동공이 빛깔을 품어 뱉는다
　바다 위에서 네 심약한 그림자가 빨려 들어간다―그 한없는 시간의
　눈동자 속을 기어 들어간다. 마른 침상의 거울의 포로가 된다
　아 커다란, 커다란, 응결된 자애(自愛)조차도 그 많은 반추에서 풀려버린
　빛 없이 놓여진 그림자여
　죽을 줄 모르는 형장(刑匠)이여
　집시의 음악처럼 처량한 소리를 내려무나
　지표에서 우리들은 통곡하고 모두모두 돌이 되어버린다.

바다의 아이들

　방향을 헤아리지 못하고 자꾸 심연으로 밀리는 떨어진 소망의 기체(氣體)들
　옛날의 깃발처럼 흔드는 바람
　무너진 기슭으로 흘러가는 구름
　(텅 빈 심저心底의 뼈아픈 공허 속에 지금은 원망의 바다가 흘러간다
　기슭을 빨아가는, 수평이 부르는 충일한 바다 앞에서 우리들은
　무엇을 기다려 있는가
　　　　　　　말해다오 말해다오)

　유린당한 눈길 속에 아직은 은밀한 모습
　너를 위한 기나긴 행로에서 메아리쳐오는 음성
　아무 작별의 슬픔을 주는 이 없는 들판의 울음 그리고
　뼈 시린 대기 속, 외로운 우리들의 내밀한 아우성에 찬 행로
　어느 적막한 나무 밑에서 너를 찢어간 기침이 일고
　행로가 끝나는 창백한 지점에 우리들의 비극한 기아(飢

餓)여

   수선스레 한없이 시간을 돌아간다 기슭을 지나 암벽을 토해낸다

   부서진다 부서진다

   아 열망의 노대(露臺)여
너의 분신이 승화한, 하늘의 우레가 된 그때의 이야기여
찬란한 햇빛 속에 구름은 은총의 날개를 휘두르며
강변을 지나 저편 언덕에서 한창 소나기로 쏟아지고
한 바다가 저희 벅차고 사랑스럽던
남비(濫費)의 하늘로 급류를 이룬다 온 날을 바람과 함께
심연의 저편에서 흐느끼다가 난규성(亂叫聲)한다.

노을이 떼 몰린 지평 끝, 아무도 말 없는 예식을 거행한다

발밑엔 허망한 허망한
(나의 마지막 달의 윤곽을 지우며)
내부의 모진 바람이 불고

<u>그</u>
메마른 자리로부터 움직여 새로운 입김을 불어넣는다
……수척한 어제를 내려찍는다

밤의 귀가

집으로 가자 집으로 가자
밤이 잠자는 이 깊은 침묵을 깨뜨리며
노변(路邊)에서 피어오르는 장엄한 탄식
순수한 시간의 울타리 가에 선
우리들 옛날 생각을 자아내는
아무 가릴 것 없는 여인이여

여윈 식욕이 둘러싼 여름의
포장 밑에서 타오르는 청명한 바다의 눈
모두 다 바람으로 변하는 저 먼 여정과
회고(懷古)의 도시가 보이는 사원
가장 온전한 희망들이 주택의 굴뚝에서 솟아오르고
죽은 친구의 유언 같은 고향은 멀다
서로 마주할 때마다 등지고 싶은 추악한
아 싸늘한 유배지에서 모든 초상화가를 처벌하자
너를 비치는 창틈의 박명
 얼굴 내밀지 않는 자의 향연 속에서 차디찬 심장을 흐느
적거리는

지금은 아무도 없다고 나는 말한다

집으로 가자 집으로 가자
나를 종말로 이끄는 깊은 기도와 같은 과실
밤의 열기로 밀어가는 반추의 운동
가장 적막한 자정(子正)에서 나의 기체들은 포말(泡沫)하고
다들 헤어져 간 자리의 무한한 존재로 있는 탁자를 비로소 본다
달이 비치는 성장(盛裝)한 시가(市街)
황폐한 고향의 뜨락에 머문다
그 적막한 돌 위에 앉아 있으면 닭이 세 번 울어 에인다

―너를 위하여 너를 위하여
바다 깊이 휘나부껴간 시간의 골목에
미래의 순수 속에
밤이 몰아간 대리석 원주(圓柱), 그 달의 싸늘한 식장에

바다 멀리 나의 역겨운 갯벌에서
보이지 않는 기(旗)를 흔들며 우리를 다시 슬프게 하는
마알간 마알간
아침이 하늘을 흔드는
바람에 밀린 비들의 슬픈 별리(別離)여

바다의 이마주

밤은 갈증을 일으키며
검은 뜰을 지나 성급한 흐름으로 퍼져나가고,
초췌한 빛깔이다 바다여
밤마다 우리들은 바라보고
기슭에 닿아 우는 노대(露臺)에서
허망한 가슴으로 바라보지만
자꾸 별빛만 허리를 찍는다

아아 여백이다 적막이다 흘러가거라 흘러가거라
풍선을 띄우며 아이들은 뜻없이 함성 치고 바다를 부르지만
세계의 가슴에는 불합리의 그림자
수문(水門)의 둔한 물포래 위에 검은 장막이 날리고
상처 입은 가슴들의 침묵 속에서
허리 죽여 흐느낀다.
바람 센 강가의 원망들이 휘몰아 간다.
아아 꿈의 멀디먼 기슭에 서 있는 너, 너여
어떻게 달의 심장에서 회복할 것인가

너무나 커다란 비극의 기침 이제는 새로이 너를
생각하며 바라본다
― 차라리 무망을 기르라 쉬임 없이 흘러가거라 흘러가
거라

희망과 절망의 기슭, 저편 언덕에
원색의 짙은 여백이 있을까
무망(無望)의 과실(果實)들이 바람도 없이 허공에 지고
있을까
흘러가거라, 흘러가거라, 초췌한 빛깔이다 분신(分身)이다

일모가 올 때

일모가 올 때
자욱한 빛깔을 시간과 진행의 종말처럼
도시의 언덕에서 가리며 우리는 분별할 수도 없이
나무가 타는 것을 보았다
검은 광택을 퍼부으며
바다에서 주워 올려지는
불붙은 삿대의 방향 같은
해변의 동요! 동요!
날이 피안에 미쳐 변색하고 있음을,
이렇게 인간의 의사가 전달되고 있음을
알게 되었다

    발밑까지 올라온 충실의 바닷물을 타고
    배들은 항구로 돌아가는데, 말할 수
    없는 바람과 새들과 그물 같은 것들
    을 끌고 배들은 항구로 가는데

골목골목에서 어둠을 품으며 쏟아져 나오는

무수한 이들의 불안에 싸인 아름다움
그들의 검은 머리와 검은 눈, 손과 발
최초의 인간에게서보다도 급속으로 악운이
밀려오는 층계에서 우리는 우리의
희망을 자르고 패배를 자르고, 오래 눈감고
있었던 한때의 소리들을, 침묵들을
자르고 잘라버려라
시간과 진행의 종말처럼
자욱한 빛깔을 도시의 언덕에서 가르며,

일모가 올 때

유원지에서

검은 입술처럼 환멸이 되어 있는 교외에서
공허한 원무(圓舞)를 하는 나의 신부(新婦)여
계곡 건너 내가 바라보는 너 유원지여 소녀들의 무도(舞蹈)여
바람이 중심을 흔들어 펄펄펄펄 날아오는
바다의 박명(薄明)한 너는 기슭으로 떨어져온다
새벽의 심안(深眼)에 떠오르는 영혼의 이파리, 광희의 편린들이여
우리들 욕망의 금혼식에서
수련의 말을 무너뜨리고 터져 나오는,
바다로 돌아가는 환상에 잠기며 긴 팔다리를 움직거리는,
나는 화부(火夫)의 육중한 불길 속에서 사지를 늘어뜨리고 기어 올라간다
나는 환각의 밧줄을 붙잡고 쾌락 속에 타는
외로움의 벌판을 기어 올라간다
육체의 연소에서 일어나는 더러운 쾌감의 비밀한 맛봄이여
나의 상처를 향하여 사방의 끝에서 끝에서 손짓하며 떨

어져 오는
너 황혼(黃昏)의 형제여 대낮의 딸이여

해항(海港)

 짙은 안개와 충격을 지내 나온 우리들에게서 일어나는 일이란
 바람 같은 회오(悔悟)

 성감(性感)을 다듬으며 바다에서는 무적(霧笛)이 쉴 사이 없이 울고
 음산한 거리를 지나서 달달거리며 부두의 꽉 다문
 침묵들이 머리를 빗고 나온 여자들처럼
 저편 거울 속에 비춰지고
 거울 속에서 발산하는 일대를 휘어잡은 죽음의 길고 긴 바다
 그 바다의 어두운 내면을 휘적이면서
 우리들은 뒤따르는 께름칙한 감정을 붙잡고 추궁하여 들어간다
 그 아무도 의지할 이 없는 빈 해안통(海岸通)의 붉은 노을 속에서
 휘어져드는 위험 속에서
 불충실(不充實)한 시간들이 이끄는

모든 테마의 로프줄을 새파란 칼날로 끊고 있다

이리하여 우리들은 물기 낀 갑(岬)을 지나 달빛을 먹어버린 안개 속으로 이끌려가고

시푸런 창끝을 심장에 받으며 축축이 젖은 항구를, 무적(霧笛)들을

그리고 소리 없이 와 닿는 먼 항해에서 돌아오는 부재의 배를 굽어보는

아이들을 떠나

우리들은 서풍(西風)을 받은 눈처럼 바다 가득히 퍼져 나오는 음영에 싸여

거울 속으로 거울 속으로 줄을 지어 들어가고 있다

빈약한 올페의 회상

나무들이 일전의 폭풍처럼 흔들리고 있다

먼 들판을 횡단하며 온 우리들은 부재(不在)의 손을 버리고
쌓인 날이 비애처럼 젖어드는 쓰디쓴
이해의 속 계단의 광선이 거울을 통과하며
시간을 부르며 바다의 각선(脚線) 아래로
빠져나가는 오늘도 외로운
발단(發端)인 우리

아아 무슨 근거로 물결을 출렁이며 아주 끝나거나 싸늘한
바다로 나아가고자 했을까 나아가고자 했을까
기계가 의식의 잠 속을 우는 허다한 허다한 항구여
수없이 작별하고 수없이 만나는 선박들이여

이 운무(雲霧) 속, 찢겨진 시신들이 걸린 침묵 아래서
나뭇잎처럼 토해놓은 우리들은
오랜 붕괴의 부두를 내려가고
저 시간들, 배신들, 나무와 같이 심은 별

우리들의 소유인 이와 같은 것들이
육체의 격렬한 통로를 지나서
불명(不明)의 아래아래로 퍼져버리고

*

나의 가을을 잠재우라 흔적의 호수여
지금은 물속의 시간, 가라앉은 고향의
말라들어가는 응시에서 핀
보랏빛 꽃을 본다

나무가 장난처럼 커 오르고
푸르디푸른 벽에 감금한 꽃잎은 져 내려
분홍빛 몸을 감싸고
직모물의 무늬같이 부동으로 흐르는
기나긴 철주(鐵住)를 빠져나와 모두 떠오른다

여인숙에서처럼 낯설게 임종한, 그다음에 물이 흐르는

육체여

   아득히 다가와 주고받으며 멀어져가는 비극의 저녁은

   서산에 희고 긴 비단을 입고 오고 있다

   아주 장대하고 단순한 바다 위에서

   아아 유리디체여!

   (유리디체여 달빛이 흐르는 철판 위

   인간의 땀이 어룽져 있는 건물 밖에는

   달이 떠 있고 달빛이 기어 들어와

   파도 소리를 내는 철판 위

   빛 낡은 감탄사를 손에 들고 어두운

   얼굴의 목이 달을 보면서 서 있다)

   *

   푸르디푸른 현(絃)을 율법의 칼날 위에 세우라

   소리들이 떨어지면서 매혹하는 음절로 칠지라도

   너는 멀리 고향을 떠나서 긴 팔굽만을 슬퍼하라

들어가라 들어가라 계량하지 못하는 조직 속
밑 푸른 심연 끝에 사건이 매달리고
붉은 황혼이 다가오면 우리들의 결구(結句)도 내려지리라

*

아무런 이유도 놓여 있지 않은 공허 속으로
어느 날 아이들이 쌓아 올린 언어
휘엉휘엉한 철교에서는 달빛이 상처를 만들며 쏟아지고
때 없이 달빛이 걸린 거기

나는 내 정체의 지혜를 흔든다

들어가라 들어가라 하체를 나부끼며
해안의 아이들이 무심히 선 바닷속으로

막막한 강안(江岸)을 흘러와 사아(死兒)의 장소 몇 겹의

죽음
　장마철마다 떠내려온, 노래를 잃어버린 신들의 항구를 지나서

　유리를 통과한 투명한 표류물(漂流物) 앞에서 교미기(交尾期)의 어류들이 듣는 파도 소리
　익사한 아이들의 꿈

　기계가 창으로 모든 노래를 유괴해 간 지금은 무엇이 남아 눈을 뜰까

　……하체를 나부끼며 해안의 아이들이 무심히 선 바닷속에서.

해설

'무적'의 심연으로 내려가는 바람의 노래
— 최하림의 『우리들을 위하여』 다시 읽기

우찬제
(문학평론가)

"서릿발같이 차가운 세계"에서 바람의 시인은?

1991년에 간행된 최하림의 『속이 보이는 심연으로』(문학과지성사)에 수록된 「아침 햇살처럼」에는 이런 소망이 담겨 있다. "길과 길이 이어지고 산과 산이 모여서 하나가 되는/저 무등과 백두처럼 우리는 서로가 서로의/어깨이며 등이게 하소서/이 세상 우리는 모두/바람이고 나무이며 모래와 달빛이고/우리 모두 반향하고 표상하는 존재들이니 —". 새해 새 아침의 소망을 담은 이 시에서 시인은 존재하는 모든 것이 유기적으로 연결된 전체이고 서로 "반향하고 표상하는 존재들"이라고 했다. 그런데 실상 시인은 줄곧 이런 소망이 좌절되고 배반당하는 부정의 현실을 살아오지 않으면 안 되었다. 그런 산문적 현실을 시인은 "서릿발같이 차가운 세계"(「詩」)라는 압축적인 표현으로 형상화하면서 "이제 네 앞에 서서 얼굴을 비춰보고 싶지 않다"라고 했다. 이를테면 "애인들은 처음의/맹세를 거두고 서로 다른 길을 가고/어둠 잠긴 참혹한 많은 시간들이/그들을 할퀴고"(「우리들이 걸었던 길의 고통의 시간 속에서」) 가거나, "우리가 만났던 시간들이 비렁뱅이 모습으로 사라져"(「우리가 만났던 시간들」) 가기 때문일까?

"서릿발같이 차가운 세계"만 탓하고 부정한 것은 아니다. 『최하림 시전집』(문학과지성사, 2010)을 보면 「시」 1편, 「詩」 5편, 「詩는 어디에」 「詩를 태우며」 「詩에게」 등, 시와 관련한 표제어를 달고 있는 시편들이 많이 있거니와 이런 시편들과 「말에게」 「내 시는 시의 그림자뿐이네」 「달밤의 어릿광대」 등의 시들을 살피면, 최하림이야말로 시의 세계와 자신의 시에 대한 부정 정신이 상당했던 시인이었음을 짐작하게 된다. "시인이/몇 줄의 시를 남긴다 해도/그것은 불임의 언어일 뿐/새처럼 소리 내며 날아가지 못한다"(「마음의 그림자」, 『최하림 시전집』)라는 시적 진술이나, "나는 시의 진실이라든가, 근원적인 존재의 모습을 드러내는 형식으로서의 시라는 말을 믿지 않는다. 시의 가장 큰 특징은 오히려 배반성에 있는 것 같다. 가슴에 차오르는 말들을 백지에 옮기려고 할 적마다 '가슴의 말'들은 달아나버린다"(『작은 마을에서』, 문학과지성사,

1982, 뒤표지 글)라는 산문적 진술 등도, 그런 시적 태도를 뒷받침한다. 늘 "탄탈로스의 심연처럼 다시 차오르는" 고통과 한을 끌어안고, "인간의 불완전을 인식하지 않을 수 없는 '간극'을" 의식하면서, 현실을 인식하고 시를 탐문한다. "만약에 하나의 신, 하나의 시만이 있다고 하면 세상은 얼마나 쓸쓸할 것인가"라면서, 하나를 넘어 진실한 가능성의 세계를 향해 부단히 움직인다. 그것을 시인은 "고통을 행복으로 만드는 사람의 가련한 애씀" 곧 "고통의 행복"이라고 했다.

확실히 최하림은 "서릿발같이 차가운 세계"와 고통스럽게 대결한 시인이다. 그런 세계에서 살아가는 일과 시 쓰기는 그에게 가없는 고통이었다. 인간적 절망감이나 언어의 배반성, 상실감의 체험은 앞에서 거론한 시나 시 쓰기를 대상화한 일련의 시편들에 두루 편재한다. 고통스러운 삶을 넘어서기 위해, 고통을 행복으로 치유할 수 있는 서정의 비밀을 발견하기 위해 시인은 젊은 시절부터 고단한 몸을 이끌고 움직이고자 했다. 「부랑자의 노래」 등에서 형상화한 것처럼, 시인은 길 위의 부랑자 형상이기 일쑤였다. 세계의 현실과 시(인)의 현실, 그 양면의 진실을 유랑하는 길 위에서 감싸 안기를 소망했다. 끊임없이 기갈에 시달려야 했던 탄탈로스처럼, 최하림도 하염없이 도착이 미끄러지는 시적 진실의 세계에 가닿기 위해 고통스러운 시적 수행을 감당하지 않으면 안 되었다.

1964년 「빈약한 올페의 회상」으로 『조선일보』 신춘문예에 당선된 이후, 7권의 시집(및 5권의 시선집, 1권의 시전집)과

8권의 산문집 그리고 1권의 시론집을 펴낸 최하림은 여러 면에서 움직이는 예술가였다. 1962년 김승옥·김치수·김현 등과 함께 동인지 『산문시대』를 통해 4·19세대의 새로운 문학 장을 여는 데 기여했으며, 현실(역사)적인 것과 시적인 것을 동시에 부정하고 지양하여 새로운 서정의 지평을 열고자 했다. 순수와 참여라는 가짜 대립을 넘어서 문학적 진정성을 모색했고, 이데올로기와 감정 사이의 회통을 시도했다. 그 소통과 균형 감각을 위해 그는 심연에서의 성찰을 게을리하지 않았다. 40여 년에 걸친 최하림의 시적 모색과 성찰은 한국 현대시사의 의미심장한 광맥을 형성하기에 이르렀다. 『우리들을 위하여』는 그의 첫 시집이다. 1980년 5월을 전후하여 그의 시 세계에 의미 있는 변화가 있었음을 밝힌 논의들이 있었는데, 이 첫 시집을 그 심연에서 성찰해보면 그런 변화의 가능성까지 함축하고 있는 것 같다. 「설야(雪夜) 1」에 "수많은 노두(露頭)를 건너서"라는 구절이 나오는데, 여기서 노두는 사전적으로 "광맥(鑛脈), 암석이나 지층, 석탄층 따위가 지표(地表)에 드러난 부분"으로 "광석을 찾는 데에 중요한 실마리"가 된다고 한다. 『우리들을 위하여』는 그런 맥락에서 최하림 시의 상상력과 그 가능성의 광맥을 두루 내포하고 있는 노두와 같은 시집이라고 말해도 좋겠다.

무적(霧笛)과 더불어 무적(霧滴)의 심연으로
내려가는 무적(無籍)의 시인

 시인은 1963년에 "이슬/방울/속의/말간/세계"에 "들어가/봤으면"(「이슬방울」) 했다. 하지만 그런 말간 세계는 없었던 모양이다. 온통 안개뿐인 첩첩 무적(霧滴) 세상이었기에 최하림은 역설적으로 심연으로, 심연으로, 내려가고자 했던 게 아닐까. 첫 시집의 '가을의 말' 연작은 무적(霧滴) 자욱한 세상에서 정처 없는 무적(無籍)의 부랑자가 부르는 비가처럼 들린다. 마치 안개가 잔뜩 끼어 앞을 분간할 수 없을 때 바다에서 선박이 충돌하는 것을 막기 위해 등대나 배에서 울리는 고동처럼, 막막한 현실에서 앞길을 찾을 수 없는 이들에게 무적(霧笛)의 메시지를 전하려고 한 것 같다. '지난여름은 참으로 위대했습니다'(「가을날」)라고 했던 라이너 마리아 릴케Rainer Maria Rilke의 가을 노래와는 사뭇 다르다. 「가을의 말 1」(1963년 작)에서 "죽음의 차가운 공기가 누워 있"는 가운데 "나는 기다릴 아무것도 없다"로 압축될 시적 상황은 그야말로 막막하기만 하다. 감사할 것도 기대할 것도 없이 온통 절망의 오리무중이다. "무적은 잠자는 하늘을 울"지만, "어두운 아이들의 미래"는 죽어간다. 그럼에도 인간은 "버리지 못한 버릇을" 계속한다. 그러기에 "겨울의 바람 속에는 희망이 없"다. "바람은 점점 멀어가고"(「가을의 말 4」, 1968년 작) 가는 길의 밤도 멀고 기다림은 아득하기만 하다. 유신체제로

4공화국이 시작된 1972년에 쓰여진 「가을의 말 5」에 이르면 그 절망의 감각은 더욱 깊어진다. "인식의 바깥에서" "파닥거리"는 "떨어져야 할" "잔명(殘命)의 것들"을 응시하는 "무상"한 시선이 웅숭깊다. 보이지 않는 무적(霧滴)의 심연으로 내려가기 위해서는 깊이 응시해야 하는 까닭이다.

   1970년 「오적(五賊)」을 발표한 김지하가, 1975년 「겨울 공화국」을 발표한 양성우가 필화를 입는 등 1970년대 한반도는 사계절이 뚜렷하지 않았다. 대체로 '겨울 공화국'이었고, 여러 시인이 겨울 서정으로 고통받았다. 「가을의 말 5」에서 보았던 것처럼 최하림 역시 그랬다. 서릿발같이 차가운 겨울을 어떻게 초극하여 화창한 새봄 풍경을 만날 수 있을 것인가, 죽음과도 같은 겨울 시간을 건너 생명의 봄 축제를 생성할 가능성에 어떻게 동참할 수 있을 것인가. 이런 질문과 함께 시인은 눈 내리는 겨울밤 어둠을 응시한다. 목포 출신인 시인은 1960년대 전반기에는 주로 남해안 바다에서 무적(霧滴) 자욱한 가을 풍경을 상호 생성했었다. 안개 낀 풍경 속으로 시인이 들어가거나, 시인 내면으로 안개를 받아들이면서 무적의 역동성을 연출했다. 물, 불, 공기, 바람 등 물질의 네 요소 중 불을 밀어낸 물과 바람을 막은 공기가 혼합되어 형성되는 것이 안개이다. 자욱한 안개 속은 혼란과 착오를 일으킬 수 있는 암흑으로 비유되거니와, 이를 초극하기 위해서는 불과 바람의 에너지가 소용된다. 그러나 아직 (촛)불이 어둠이 밀어내기 어려운 상황이고, (자유에의) 바람이 (독재의)

공기에 막힌 탓일까. 안개 속의 어둠과 혼란은 줄어들 줄 모른다. 최하림의 바닷가 안개 풍경은 눈 내리는 숲속의 어두운 풍경이나 강가의 안개 풍경 등으로 변주되면서 당분간 계속된다. 1970년대에는 서울 수유동에서 눈 내리는 겨울 풍경과 마주한다.

눈이 내린다 서울에서도 그중 순결한 눈을 맞으며 수유리 숲길을 오르면 우리들 정신은 눈이 되어 허공에서 내려와 허공으로 돌아간다 펑펑 내리는 눈이여 우리들이 밟고 가는 눈이여 거부로 들끓는 한 사나이는 피 어린 언어를 토해내지만 칼끝을 걸어가는 아픔을 가지지 못한 언어는 칼끝에 결코 미치지 못한다 언어는 칼일 수 없다 녹아서 지심 깊숙이 스며들어 사물의 뿌리를 축이는 눈이여 너희는 우리의 정신을 순결하게 세척해주지만 거부로 끓는 우리는 거부로써 씻어지지 않는다

—「눈」 전문

1974년 작인 이 시에서 무엇보다 눈과 언어 사이의 선명한 대조가 주목된다. "녹아서 지심 깊숙이 스며들어 사물의 뿌리를 축이는 눈"과 "칼끝에 결코 미치지 못"하는 "아픔을 가지지 못한 언어" 사이의 대조 말이다. 눈은 깊숙이 스며들며 인간 정신을 치유해주지만 들끓는 인간의 언어는 그렇지 못하다는 반성의 진정성이 전경화된다. 알다시피 그곳은 4·19 민주묘지가 있는 장소이다. 거기서 시인은 겨울 눈을 맞으

며, 무적과도 같은 암흑 속으로 들어가 자유와 민주, 부정과 사랑 등 4·19정신을 깊이 반추하고자 한 게 아닐까. 안개의 어둠, 그 혼란과 불명료한 착오 상태를 초극하고 영혼의 광휘를 생성하기 위해서 시인은 무엇을 어떻게 해야 할 것인가, 절박하게 질문한다. "그대여 그대여 어떻게 저 먼 밤을 뚫고 가겠는가"(「시인에게」). "우리들의 어둠은 끝없고 끝이 없"기에, 아니 "우리들의 어둠은 끝없고 끝이 없"을지라도, "어둠 속으로 들어가 어둠이" 되고, "어둠의 빛이"(「어둠의 노래」) 되어 어둠에 스며들며 동화되거나 내면화해야 한다고 생각하는 것 같다.

눈은 중의적이다. 흰빛으로 어둠을 밝히는가 하면, 거꾸로 흰빛으로 흰빛을 막아 어둠을 생성하기도 한다. 세상의 모든 형태를 없애고 경계를 무화하는가 하면, 반대로 세상의 형상을 더욱 극적으로 드러내기도 한다. 세상의 모든 길을 덮고 막는가 하면, 새로운 세상의 길을 내기도 한다. 어쨌든 눈 내리는 밤, 시인의 기본 질문이 "그대여 그대여 어떻게 저 먼 밤을 뚫고 가겠는가"였음을 상기해보자. 이 질문은 먼 밤을 뚫고 가는 동성(動性)이 두드러지지만 지향처와 관련된 향성(向性)이 괄호 쳐져 있다. 「설야(雪夜) 1」에서 그 향성은 '자유'와 '사랑'으로 의미화된다.

그이는 수많은 노두(露頭)를 건너서
바람과 눈보라를 헤치고

무사히 자유에 발 디뎠을까

　　[……]

　　음산한 지방을 물들이면서 말을 버리고

　　내리는

　　눈 눈 눈

　　눈이여

　　오만가지 죄의 모습과 인욕을 씻고

　　가는 이의 사랑을 따라나서는 길을 마련하라

　　　　　　　　　　　　　　　—「설야(雪夜) 1」부분

　두루 아는 것처럼 자유와 사랑은 4·19세대 문학의 대표적인 이념형이다. 여기서 자유는 그냥 얻어지거나 누릴 수 있는 게 아니다. 바람과 눈보라를 헤치고 나가야 간신히 열리는 지평이다. 사랑의 세상도 그렇다. 죄와 인욕을 씻어야 하고 '노예 언어' 같은 말을 버려야 사랑으로 가는 길을 열 수 있다. 그것을 「백설부(白雪賦) 1」에서는 '사리(事理)'의 윤리학으로 궁리한다. "근육이 튼튼한 사내들이 밤거리를 헤매는/척박한 식민지 밤"이 바탕이 되는 시적 상황이다. 어둠 속에서 헤매고 있는 형국이기에 "어느 강가에서 어느 벌판에서/우리들의 유랑은 끝날 것인가/눈뜨지 못하는 넋들이 한마음으로 모여들어/어느 강물이 되고 바람이 되고 폭설이 되어/가지도 지붕도 없이 넘어뜨릴 것인가" 헤아리기 어렵다. 그렇게 엄혹한 상황에서도, 빚어내는 "가난한 사람들의 마음의/사리(事理)를" 주목한다.

> 눈에 보이는 사물들은 모두
> 제 나름의 소리를 하고
> 소리들이 모여들어 산을 울리고
> 가난한 사람들의 마음의
> 사리(事理)를 만든다
> ─「백설부(白雪賦) 1」 부분

　물론 시인은 그 사리를 일면적으로 성찰하지 않는다. 소박하지만 지혜로운 성격의 사리와 "어리석은 사리" 양면을 모두 지닌 복합성으로 투시한다. 그런 복합성이 '사리'라는 말을 갱신한다. "이런 밤엔 새로운 기억과 말을 가지고/평원(平原)으로 가 밤눈 소리를 들어야 한다"는 시적 진술을 시적 주체가 스스로 선체험하고 미리 수행하는 형국이다. 새로운 기억과 말을 생성하려 하고 있기 때문이다. 그 생성은 '고난의 희망'을 향한 새로운 향성(向性)과 동성(動性)을 역동적으로 묘출한다. "모든 죽어간 사람들의 얼굴을 그리고/그들의 마지막 표정에 새겨지던 고난의 희망을/생각해야 한다".

　이 시집은 표제는 '우리들을 위하여'이다. "저편 산 너머로 구름이 밀려가 쌓이"기만 하는 "막막한 시대를"(「두 손을 들고서」) 살아가는 '우리들'이다. 또 "수많은 채찍 아래 누워 있는 우리들은/어둠 속으로 달려간다 더욱 빨리/어둠 속에 어둠처럼 숨는다"(「강가에서」). 아울러 우리들은 "서로 다르나/알아들을 수 있는 사투리로 말하고/끌어 잡지 못하나 그 손으로 일하면서/고난의 시대를 함께 사"(「우리나라의 1975년」)는 공동체이다. 그런 우리들의 역사를 시인은 또한 복합성의 시학으로 형상화한다.

> 오오 위대한 힘이여 아름다움이여 덕성이여
> 모든 창조를 가능케 한 자유여
> 거짓과 공포의 사슬을 끊어라
> 봉건의 관습을 깨뜨려라 열렬하게 사랑을,
> 사랑을 포옹하라 사랑은
> 우리들의 우리이며 세계이다
> ─「우리들의 역사」 부분

자유와 사랑의 이념이 두드러지는 4·19세대의 정체성을 압축적으로 드러내며 그런 '우리들의' 세계와 역사를 말한다. 무엇보다 거짓으로 점철된 기존의 사슬을 단호하게 끊어내고 봉건적 관습을 깨뜨린 바탕 위에서, 새로운 자유의 지평을 열고 열렬한 사랑의 세상을 만들자는 에너지가 넘쳐난다. 그렇다고 해서 낭만적인 질풍노도를 닮은 것은 아니다. 낭만적으로 동경하되, 현실적으로 인식하고 부정하고 있기 때문이다. 이를테면 "사랑은 사실 싸움이 아니었던가/버림받은 어머니의 리어카 소리가/새벽마다 우리들의 잠을 깨우고/우리들의 의식을 털털털 밀고 가/한 하늘과 한 세상의 목마름을/나누어 지니면서 벌거벗은/몸뚱이를 끌어안던,/원한의 모습이 아니었던가"라면서 현실의 세부를 인식하고 그 구체성의 바탕 위에서 새로운 생성을 집요하게 모색하는 형국이기 때문이다. 역사의 시간이 허투루 구성되는 것이 아님을 직관한 4·19세대다운 인식론으로 보인다.

"사랑의 아름다움을 알고 바라던 밤"

시인이 탐문한 '우리들의 역사'는 자유와 사랑이라는 향성을 지닌 것이지만, 역사적 현재에 진행되는 풍경은 억눌린 몸뚱이가 드러내는 원한의 모습인 경우가 많았다. 「풍경(風景)」에서라면 '실의(失意)' 가득한 세상 풍경이다. "장다리꽃들이 흔들리고/장다리꽃 너머 연옥으로 끌려간 사나이/사나이 사나이들이 노곤한 실의(失意) 속으로/잠겨 들어가는 것을 보아라/보아라 이제는 실의만이 봄 하늘에 가득 찼노니". '노곤한 실의(失意)'에 빠진 '우리들'이 구성하는 실의 가득한 봄 풍경이다. 그러면 봄이 왔어도 봄은 아닌 것이다.

실의 가득한 세상 풍경은 다채롭게 펼쳐진다. "썰물의 여광(餘光) 위에 몸을 굽"혀 보노라면 "수면에 나타나는 자의 예감의 슬픔을, 원성(怨聲)을 키"(「밤의 의자」)우기만 하는 형국이고, "이제는 나도 눈먼 소년과 같이/어둠을 밟고"(「마른 가지를 흔들며」) 갈 수밖에 없는데, 과연 "어느 누가 고통 없이 나날을 살 수 있겠는가"(「부랑자들의 노래」). 아무리 걸어도 길이 끝날 것 같지 않은 상황에서 "무거운 발을 끌고 어둠 속을 가는/울한의 사람아 우리들의 사람아"(「부랑자들의 노래」)라는 호곡과, "우리가 걸어온 길의/바람과 억새풀과 심연의 울음소리"(「밤 강가에서」), "자욱한 무적 속" "웃음소리"(「웃음소리」), 그리고 "내일을 저만치 밀어버리고 내일의 부정스런 심연으로 빠져들어"가는 가운데 "내일의 아이들"(「농부의 아내」)의 울음소리 같은 소리 풍경들이 그 고통의 심연으로 우리를 강림하게 한다. 그러니 실의 가득한 세상은 여전히 겨울이다. 사랑도 '겨울의 사랑'만이 허용되는 것일까? "겨울의 뒤를 따라 밤이 오고 눈이 온다고/바람은 우리에게 일러주었다"라는 시구로 시작하는 「겨울의 사랑」에서 시인은 새벽 행상들이나 광산촌 노동자, 굶주린 골목의 아이들 등 질곡에 빠진 이들의 삶과 사랑법을 구체적인 감각으로 풀어 보인다. "처음 우리는 이 말이 무엇을 뜻하는지/알지 못했으나 반복의 강도 속에서/원한일 것이라고 여기게 되었다/원한은 되풀이 되풀이 되풀이하게 하는 것이다"라면 「우리들의 역사」에서도 강조한 사랑–원한의 짝을 반복적으로 드러낸다. 이 짝은 왜 그리 중요하고, 왜 그리 반복될 수밖에 없는가? 원한의 구체가 고통의 심연으로 내려가게 하는 원동력이기 때문이다. 반복되는 원한의 풍경들, 혹은 고통의 노두나 징후는, 최하림의 경우 막막한 무적 속에 있다. 안개는 시의 원천이고, 소리 풍경의 원상이다. 때문에 "어두운/안개 속으로 들어갔다 말들이 안개 속에 있었다"(「웃음소리」) 같은 부분에서 보듯이, 시인은 종종 안개 속에서 시적 언어를 자맥질한다. 안개 속의 어둠과 고통과 상처를 넘어서 자유와 사랑의 저편으로 탈주하기 위해서는 바람과 불이 필요하다. 물과 공기만으로는 어렵다. 그래서 '바람의 시인'을 호명하며, 스스로 바람의 시인이 되고자 욕망한다.

> 아아 짓밟힌 풀포기 밑에서도 일어나는 바람의 시인이여
> 어쩌다 우리는 괴로운 무리로 이 땅에 태어나게 되었나
> 어쩌다 또다시 칼날 앞에 머리를 내밀고
> 벌거벗은 여인이 사랑을 말하려고 할 때
> 잠자리에 들려고 할 때
> 사랑이 그들의 머리칼을 창대같이 꼿꼿하게 하고
> 불더미 속에서도 죽지 않는 영생으로 단련하는 것같이
> 단단하고 매몰차게 세상을 살아야 한단 말인가
> 아아 바람의 시인이여 이제야 우리는 알겠다
> 그들의 골수 깊은 원한이 사랑을 가지게 한다는 것을
> 쇠붙이는 불길 속에서 단련되어진다는 것을
> 바람은 그것을 밤이 오고 눈이 온다고
> 말하여주고 있는 것이다 그렇게 겨울의
> 견고한 사랑을 말하여주고 있는 것이다
> ―「겨울의 사랑」 부분

이처럼 깊은 원한에서 견고한 사랑을 이끌어낸다. 울울한 무적에 틈을 내고 새로운 동성과 향성의 가능성을 묘출할 바람〔風〕의 바람〔願〕, 그 기미들이 자연스럽다. 그러나 소망의 바람은 원하는 방향과 크기로 불지 않는다. 그러기가 쉽지 않다. 그보다는 어둠, 칠흑 같은 암흑을 더욱 어둡게 할 거센 비바람이 불기 일쑤이다. 그러니 「비가(悲歌)」가 그치기 어렵다. 이 시는 거친 비바람 불고 파도 소리 거세게 울부짖는 밤에 "한 줌의 희망도 없이" 갇힌 채 "마음이 심하게 흔들리"며 눈물 흘리는 시적 자아의 슬픈 노래이다. 이런 시적 상황은 단지 외적인 자연환경과의 관계에서만 형성되는 게 아니다. 여러 시편에서 반복되는 칼의 이미지가 시적 자아를 파고들기 때문이다. 시인의 펜과 반복적으로 대조되는 칼은 밤마저 지배하여 잠의 시간 또한 편안할 수 없는 형편이다. 그럴 때 시인은 "나일 수" 없다고 생각하는 것 같다. 그러기에 "칼 아래 잠든 밤"에게 시인은 "사랑의 아름다움을 알고 바라던 밤"이었음을 환기한다. "나일 수" 있을 때를 떠올리게 한다. 그러면서 미래의 시간을 예비하려 한다. "그때를/위하여 슬픔을 버리고 헛된 눈물을 버리고/흐느끼는 듯한 진실을 만들어야겠다"라고 다짐한다. 또 바다로 가서 "일대를 조용하게 할 질문을 들어야겠다"라면서 칼이 부딪히며 내는 거센 파도 소리를 조용하게 할 지평을 응시하면서 나의 심연을 성찰한다. 그러면서 이렇게 거듭 읊조린다. "내가 나일 수 있다면……/

나일 수……/있다면……"

　이런 소망이나 "도대체 우리는 무엇 하려고 사는가"(「독백(獨白)」) 같은 "슬픈 질문"은 종종 "불치의 환자처럼 누워 있"게 할 수 있기에 위험할 수 있다. 그렇지만 바람의 시인은 위험한 질문을 하지 않을 수 없다. 그러나 위험한 질문을 한다고 해서 질문의 답을, 새로운 세계의 가능성을, 바로 찾을 수는 없는 노릇이다. "타오르는 촛불을 바라보며/어느 동서(東西)로도 남북(南北)으로도 가지 못하는/나는 어찌 타올라야 하는가/촛불이여 촛불이여"(「제야(除夜)」)라고 고뇌하며 토로해야 하는 무적(無籍)의 부랑자 형상일 때, 바람의 시인은 어찌해야 하는가? 결국의 소망의 형식일 수밖에 없지 않을까? 바람[風]의 바람[願]에 기대게 하는 '바람의 노래'가 주목되는 것은 그런 까닭이다. 바람이 어두운 밤을 전율케 하고, 바람의 노래가 들을 적시고, 들을 생생하게 할 수 있다면, 시가 그럴 수 있다면, 하는 소망으로 최하림은 오랜 시적 수행을 해왔다. 그런 가운데 바람은 질문을 낳고, 질문은 바람을 낳았다. "일하고 먹고 말하고 생각하는 것,/그 가운데서 구하고자 하는 것, 그것은/대체 무엇인가, 무엇이어야 하는 것인가"(「부랑자의 노래 2」, 『최하림 시전집』). 소망의 바람을 몰고 올 이런 질문들로 이어온 40여 년이었다. 시집 『겨울 깊은 물소리』(열음사, 1987)에 수록된 「시」를 보면 "내가 사랑하는 고향의/다섯 살배기 은경이는 시를 '씨'라고 했지"라는 구절이 나온다. 시는 이렇게 이어진다. "그 씨를 들에 뿌렸지//꽃들이 무진장 피어났었지"(『최하림 시전집』). 과연 그랬다. 최하림이 뿌린 시의 씨는 무진장 꽃들로 피어났다. 다시 들어도, 다시 읽어도, 그의 바람의 노래는 꽃들로 피어난다.

> 우리들의 들에서 흐르는 바람이여
> 노래하고 노래하라 노래가 더욱 하늘을 넓히고
> 벌거벗은 힘이 흐르는 밤을 전율하게 할 때까지
> 노래하고 노래하라 어두운 바람이여
> 저녁마을의 어스름같이
> 노래는 넘쳐흘러 들을 적시고
> 들을 생생하게 하고 〔……〕
> ―「풍요」 부분

기획의 말

    1978년 출범하여 오늘까지 이어져온 '문학과지성 시인선'이 독자들의 사랑과 문인들의 아낌 속에 한국 현대시의 폴리스Polis를 이루게 된 사실은 문학과지성사에 내린 지복이기도 하지만 동시에 한국 시를 즐겨 읽는 독자들에겐 '상리공생(相利共生)'의 사안이기도 하다. 왜냐하면 한국 시의 수준과 다양성을 동시에 측량할 수 있는 박물관의 역할을 이 시인선이 해줄 수 있기 때문이다. 요컨대 여기는 한국 시의 '레이나 소피아Reina Sofía'이다. 시의 '뮤제오 프라도Museo Prado'가 보이지 않는 게 아쉽긴 하지만.
    그러나 '문학과지성 시인선'이 현대시의 개성들을 다 모아놓고 있다고 오연히 자부할 수는 없다. 시인선의 편집자들이 한국어의 자기장 내에서 발화하는 시의 빛점들을 포집하기 위하여 고감도 안테나를 드넓게도 촘촘히도 작동시켰다 하더라도, 유한자 인간의 "앨쓴"(정지용,「바다」) 작업은 빈번히 누락과 착오로 인한 어두운 그늘들을 드리워놓기 십상이기 때문이다. 환상과 우연의 힘들은 완전하고자 하는 의지를 김빼는 한편, 우리의 울타리 바깥에서도 시의 자치구들이 사방에 산재해 저마다 저의 권역을 넓혀나가고 있다는 사실을 확인케 해 새삼 우리를 겸허한 반성 쪽으로 이끌고 간다.

모든 생명적 장소가 그러하듯이 시의 구역들 역시 활발한 대사 운동 끝에 팽창과 수축을 거듭하면서 크게 자라기도 하고 소멸되기도 한다. 때로는 구역의 진화와 시의 진화가 심히 어긋나는 때가 있으며, 그중 구역은 사용을 멈추었는데 시는 여전히 생생히 살아 있을 경우야말로 애달픈 인간사 그 자체가 아닐 수 없다. 외로 떨어진 시 덩어리는 우주선과 잡석들이 빗발치는 망망한 말의 우주에서 유랑자의 위상에 처하게 되고 갈 곳 모른 채 표류하다가 서서히 소실의 검은 구멍 속으로 빨려 들어가거나 완벽한 정적의 외진 구석에 유폐된 채로 그 자리에서 먼지로 화할 수도 있을 것이다.

실로 한국 현대시 100년을 경과하면서 역사의 무덤 속으로 들어가기를 거절하고 삶의 현장에 현존하고자 하는 의지를 내뿜는 시 뭉치들이 이곳저곳에서 출몰하는 횟수를 늘려가고 있었으니, 특히 20세기 후반기에 출판되었다가 다양한 사연으로 절판되었거나 출판사가 폐문함으로써 독자에게로 가는 통로를 차단당한 시집들의 사정이 그러하여, 이들이 벌

겋게 단 얼굴로 불현듯 우리 앞을 스쳐 지나갈 때마다 우리는 저 시 뭉치의 불행과 저들과 생이별하여 마음의 양식을 잃은 우리의 불운을 한꺼번에 안타까워하는 처지에 몰리게 된다.

그리하여 우리는 '문학과지성 시인선' 내부에 작은 여백을 열고 이 독립 행성들을 우리 항성계 안으로 모시고자 한다. 이는 '시인선'의 현 단계의 허전함을 메꾸기 위함이요, 돌연 지구와의 교신망을 상실한 시 뭉치에 제2의 터전을 제공하기 위함이요, 독자의 호시심(好詩心)에 모자람이 없도록 하고자 함이니, 이 삼중의 작업을 한꺼번에 이행함으로써 우리는 한국 시에 영원히 마르지 않을 생명 샘의 가는 한 줄기가 될 수 있기를 소망한다.

이 작업을 통해서 우리는 옛것의 귀환이라는 사건을 때마다 일으킬 터인데, 이 특별한 사건들은 부족을 메꾸는 부정–보충적 행위를 넘어 새로운 시의 미각적 지대, 아니 더 나아가 새로운 정신적 지평을 여는 발견적 행동이 되고야 말리라는 것을 확신하는 바이다. 우리가 특별히 모실 이 시집들의 숨겨진 비밀이 워낙 많다는 뜻을 이 말은 품고 있거니와, 진정 이 시집들은 처음 세상에 모습을 드러내었던 당시 독자를 충격했던 새로움을 보존할 뿐만 아니라 같은 강도의 미지의 새 새로움의 애채를 옛 새로움의 나무 위에 돋아나게 해줄 것이 틀림없다. 그리하여 독자는 시오랑E. M. Cioran이 언젠가 말했듯 "회상과 예감réminiscence et pressentiment이 반대 방향으로 멀어지기는커녕, 하나로 합류하는"(「생-종 페르스Saint-John Perse」, 『예찬 실습Exercises d'admiration』 in 〈저작집Œuvres〉, Pleiade/Gallimard, 2011) 희귀한 체험을 생생히 누리리라 짐작하거니와, 이 말의 주인이 그 체험의 발생 주체로 예거한 시인을 가리켜 "모든 시간대에서 동시대인으로 존재하는 사람un contemporain intemporel"이라고 말했던 것과 마찬가지로, 이 체험의 신비함이야말로 모든 시간대에서 최고의 신선도로 독자를 흥분케 할 것이다.

그렇긴 하지만 우리는 이 재생의 사건들을 특별히 꾸리는 별도의 총서는 자제하였다. 그보단 우리의 익숙한 도시인 '문학과지성 시인선' 안에 포함시키고자 하는데, 우리의 '시인선' 자체가 늘 그런 신비한 체험을 독자들에게 제공해주기를 기대하기 때문이다. 다만 아주 시치미를 떼어서 독자를 정보의 결핍 속에 방치하는 우를 범할 수는 없는 연유로, 처음부터 시작하는 번호에 기호 R을 멜빵처럼 감쳐서, 돌아온 시집임을 표지하고자 한다. R은 직접적으로는 복간reissue의 뜻을 가리키겠지만 방금의 진술에 기대면 이 귀환은 곧 신생과 다름이 없어서, 반복répétition이 곧 부활résurrection이라는 뜻을 함축할 뿐 아니라 더 과감히 반복만이 부활을 가능케 한다는 주장까지 포함할 수 있을 것인데, 그 주장이 우리 일상의 천편일률적이고 지루하고 데데한 반복을 돌연 최초 생의 거듭남으로 변신시키는 마법의 수행을 독자들에게 부추길 것을 어림한다면, 그것은 아무리 되풀이 강조되어도 지나치지 않을 것이다. 더욱이나 어느 현대 시인은 "R이 없어서, 죽음은 말 속에서 숨 막혀 죽는다*Privé d'R, la mort meurt d'asphyxie dans le mot*"(에드몽 자베스Edmond Jabès, 『엘, 혹은 최후의 책*El, ou le dernière livre*』, 1973)는 촌철로 언어의 생살을 도려내었으니, R을 통해서만 언어는 존재의 장식이기를 그치고 죽음조차 삶의 운동으로 되살리는 것이다.

그러니 '문학과지성 시인선'의 새로운 R의 행렬 속에서 우리가 독자들에게 바라는 것은 이 한 글자의 연장이 무엇이든 그 안에 숨어 있는 한결같은 동작은 저 시인이 암시하듯 숨통 터주는 일임을 상기해달라는 것이다. 이 혀를 안으로 마는 짧은 호흡은 곧이어 제 글자의 줄이 초롱처럼 매달고 있는 시집으로 이목을 돌리게 해, 낱낱의 꽃잎처럼 하늘거리는 쪽들을 흔들어 즐겁고도 신기한 언어의 화성이 울리는 광경을 마침내 목격하고 청취하는 데까지 당신을 이끌고 갈 수 있을 터이니, 그때쯤이면 이 되살아난 시집의 고유한 개성적 울림이 시집에 본래 내재된 에너지의 분출이면서 동시에 그것을 그렇게 수용하고자 한 독자 자신의 역동적 상상력의 작동임을 제 몸의 체험으로 느끼게 되리라.

㈜**문학과지성사**